미래의 교육을 설계한다

미래의 교육을 설계한다

문제 풀이 수업에서 문제 해결 교육으로, 개인적 성취에서 사회적 실현으로

마크 프렌스키 지음 | 허성심 옮김

EDUCATION

TO BETTER THEIR WORLD

Unleashing the Power of 21st-Century Kids

한문화

감사의 말

•

이 책의 내용은 내 생각을 담은 것이지만 대화와 편지로 큰 도움을 주신 모든 분들께 감사드린다. 먼저 가장 가까이에서 아이디어를 주고 아낌없는 지원을 해준 에스더 워짓스키와 데이비드 앵글에게 깊은 감사를 표한다. 생각의 폭을 넓힐 수 있도록 도와주고 중요한 아이디어를 제공해준 닉 모건, 롭 버클리, 존 실리 브라운, 빈트 세프, 밀턴 첸, 피에르 신트라, 마이클 풀만, 제임스 폴지, 데이비드 할리, 단 키넌, 로버트 E. 레빈, 데이비드 노드포스, 리오넬 드 로스차일드, 팀 티엔, 제임스 트레이시, 그리고 훌륭한 편집자인 진 워드를 비롯해 많은 분께 감사드린다. 더불어 도와주신 모든 분의 공로를 기억하고 인정해야 마땅하지만, 내 실수로 언급하지 못한 분이 있다면 미리 사과드린다.

차례

일러두기

이 책에서 사용하는 '기술(technology)'이라는 말은 과학기술과 더불어 교육에 사용할 수 있는 다양한 형태의 방법과 교구들을 포함하고 있다.

이 책의 핵심 메시지

이 책이 전달하는 메시지를 하나만 꼽으라면 다음과 같다.

현재 시행되고 있는 교육은 미래에는 적합하지 않다. 기술(technology)을 충분히 포함하지 않아서가 아니라 이른바 21세기형 기량(skill)을 충분히 포함하지 않거나 모든 사람에게 공평하게 분배하지 않기 때문이며, 심지어 기량을 점진적으로 키워나갈 수 있도록 노력하지 않기 때문이다.

유치원부터 고등학교에 이르는 현행 초·중등교육(K-12 교육)은 미래에는 적합하지 않은 잘못된 목표와 목적을 설정해놓고 있다. 지금까지 교육의 초점은 개인의 발전에 있었다. 그러나 미래의 교육은 세상을 보다 살기 좋은 곳으로 바꾸고 그 과정에서 개인도 함께 발전하는 교육이어야 한다.

용어 설명

이 책에 자주 등장하는 'K-12' 교육이라는 용어는 본래 미국에서 시행되고 있는 학제를 가리킨다. 다른 나라에서는 '초·중등교육'이라는 말을 더 많이 사용하지만, 단어 길이가 짧기 때문에 이 책에서는 'K-12'를 주로 사용한다.

K-12는 유치원부터 고등학교를 마칠 때까지 초·중등교육 과정 전체를 의미한다.

1장

지금까지의 교육을
돌아보며

새롭고 발전된 교육이 세상에 모습을 드러내기 시작했다. 이 책의 목적은 이 새로운 교육의 패러다임을 기술하고 독자들의 관심을 새 교육으로 끌어 모으는 것이다.

| '이론 중심' 교육이 세계 곳곳에 퍼져 모든 아이들에게 학업을 강조하는 지금 이 순간에도 세상은 빠른 속도로 변하고 있고, 그 속에서 우리 아이들이 할 수 있는 것도 근본적으로 바뀌고 있다.

오늘과 내일의 아이들은 이전과는 완전히 다른 능력을 지니고 있는 까닭에 지금까지 세계 곳곳에서 보편적으로 제공된 이론 중심 교육은 우리 아이들과 그 후손들이 살아갈 세상에는 적합하지 않다. 오늘과 내일의 청소년들은 미래 사회에서 성공하기 위해 세상으로 나아가는 첫걸음을 새롭게 내디뎌야 한다. 새로운 초·중등 교육(K-12 교육)이 필요하다는 말이다.

우리 아이들에게는 과거보다 통합적이고 실질적인 교육이 필요하다. 지식만이 아니라 기량과 동인(agency)을 제공하고, 개인의 발전만이 아니라 모두가 사는 세상을 더 나은 곳으로 바꾸는 교육이 필요하다.

이에 따라 새롭고 발전된 교육이 세상에 모습을 드러내기 시작했다. 새 교육의 핵심 목표는 어릴 때부터 세상을 더 나은 곳으로 바꾸는 일에 참여할 수 있도록 아이들의 역량을 강화하는 것이다. 새 교육은 아직 완전한 형태를 갖추지 않았지만 지금 세계 여러 지역에서 계속 생겨나고 있고, 점점 진화해 완전한 형태를 갖추게 될 것이다. 새 교육을 구성하는 주요 요소들이 이미 세계 각처에서 다양한 생각과 행동으로 많이 나타나고 있다. 이 책의 목적은 이 새로운 패러다임을 기술하고 독자들의 관심을 새 교육으로 끌어 모으는 것이다.

새로 등장한 교육의 이점은 현행 교육의 이점을 월등하게 뛰어넘으며, 모든 사람들에게 영향을 미친다. 우선, 새 교육은 우리 아이들에게 이롭다. 현행 교육보다 더 실용적이고 효과적으로 사고할 수 있게 해줄 뿐만 아니라 현실 사회에서 효과적으로 행동하고, 원만한 관계를 형성하며, 목적한 것을 실현할 수 있는 역량을 길러주기 때문이다. 청소년들은 학교 밖 실제 사회에서 무엇인가를 달성하는 기쁨과 자부심을 느끼고, 그 과정에서 자신감을 얻는다. 직장의 문을 두드리거나 대학에 지원할 때도 단지 성적표만 내미는 것이 아니라 실제로 사회를 위해 어떤 일을 했는지 보여주는 자기소개서를 무기로 갖추게 될 것이다.

사회 전반적으로도 새 교육은 지금의 이론 중심 K-12 교육보다 이로운 점이 많다. 첫째, 고용주들은 처음부터 준비가 잘 되어 있는 인력을 얻을 수 있다. 둘째, 학령기 아이들이 이제껏 계발되지 않았던 세상을 바꿀 수 있는 거대한 잠재력을 발휘해 기존 사회 문제나 세상의 요구에 대한 실질적이고 실행 가능한 해결책을 내놓기 때문에 지역 사회와 국제 사회에도 도움이 된다.

무엇보다도 새 교육은 사회 문제를 해결하기 위해 직접 해법을 찾아 실행한 경험이 있는 미래의 시민을 양성한다는 점이 특히 중요하다. 이는 현재 시행되는 교육으로는 하지도 못할 뿐더러 하려는 시도조차 어려운 일이다.

나는 이 책을 읽는 독자들에게 유치원부터 고등학교까지 아이들을 어떻게 교육할 수 있고, 어떻게 교육해야 하는지 새로운 관점과 비전을 제시할 것이다.(정부 지도자와 정치인, 교육정책 입안자, 학부모, 교육운동가, 현직 또는 미래의 교육감·교육행정가·교장, 도시행정 및 교육정책 전공 대학원생, 교사, 교사 양성 및 교육 담당자, 오늘 그리고 내일에 적합한 교육 제공에 관심 있거나 관련된 일을 하는 사람, 그리고 청소년들에 이르기까지 교육에 관련된 각계각층의 사람들이 독자에 포함되어 있었으면 좋겠다.)

이 책의 목적은 독자들에게 새로운 교육의 필요성과 새 교육 비전의 등장과 실현에 대해 설명하고, 지금의 이론 중심 교육과 확연히 다른 실질적이고 더 좋은 대안이 있다는 것을 확신시켜주는 데 있다. 우리가 선택할 수 있는 두 가지 교육 모델은 매우 뚜렷한 차이를 보이므로 서로 다른 이름으로 불러야 마땅하다. 첫째는 '이론 중심 모델(Academic Model)'이다. 이는 소수의 한정된 과목에 대한 학생 개인의 성취를 강조하는 교육 모델로, 현행 교육과정이 여기에 해당된다. 둘째는 '더 나은 세상을 만드는 역량 중심 모델(Empowerment to Better the World Model)'이다. 학생들이 세상을 더 나은 곳으로 바꾸기 위한 프로젝트를 완수할 수 있도록 새로 습득한 역량을 강화시키고 그 힘을 자유롭게 발휘할 수 있게 돕는 교육이다. 이것이 우리에게 필요한 교육이며 우리가 나아가야 할 방향이다. 학생들의 학업 성취를 고집하느냐, 아니면 아이들이 세상을 바꿀 수 있도록 역량을 강화시키는 교육으로 전환하느냐가 우리의 미래를 결정할 것이다.

더 나은 세상을 만들기 위한 더 나은 접근 방법

세상을 더 나은 곳으로 발전시키는 것은 늘 교육의 간접 목표로 추구되어 왔지만, 얼마 전부터는 교육의 부산물 그 이상의 것이 되었다.

이론 중심 교육 패러다임은 학습이 이뤄지기를 바라는 마음에서 학습 내용과 학생을 한데 묶는 것부터 시작한다. 교육을 받는 학생은 순전히 지식적인 측면에서 '더 나은' 사람이 된다. 이론 중심 교육은 이렇게 '더 나은' 사람이 된 학생들이 언젠가 학교를 마치고 먼 훗날 사회로 진출했을 때 세상을 더 나은 곳으로 바꿀 수 있으리라 기대한다. 우리의 간절한 바람이기도 하다.

날이 갈수록 많은 청소년들이 세상을 더 나은 곳으로 바꾸고 싶어 하고, 그것을 자신의 목표로 삼는다. 사실 먼 훗날이 아니라 지금, 직접 세상을 바꾸는 일을 실현할 수 있는 길이 있다. 새로 생겨나기 시작해 서서히 발전하고 있는 새 교육 패러다임이 그 길이다. 새 교육 패러다임은 학생과 교과 내용을 묶는 것이 아니라 학생과 문제를 한데 묶는 것에서 출발한다. 교육용으로 만들어낸 문제가 아닌 아이들이 생활 속에서 직접 인식한 지역 문제나 세계적으로 발생하는 문제를 말한다. 학교 수업은 학생 개개인이 장점과 열정을 십분 발휘해 실제 사회 문제에 대한 해결 방안을 찾아 실행하는 프로젝트 중심이며, '교육 내용'은 프로젝트 진행 과정에 필요한 다양한 영역의 모든 것을 포함한다. 이 패러다임은 단기간 안에 세상을 더 나은 곳으로 개선하는 효과를 낸다. 장기 효과는 단기 효과보다 훨씬 강력하다. 장기적으로 새 교육은 실제 사회 문제를 해결할 수 있는 역량을 갖춘 시민을 길러낼 것이다. 이와 같은 교육을 받고 어른으로 성장한 사람들은 남은 인생 동안에도 더 나은 세상을 만들기 위한 노력을 멈추지 않을 것이다.(그림 1.1 참조) 교육 전문가 조 웨일Zoe Weil이 정의했듯이 혁신적으로 문제 해결 방안을 고안하는 '솔루셔내리solutionary'가 될 것이다.[1]

그림 1.1

교육을 통해 더 나은 세상을 만드는 더 좋은 방법

어제와 오늘의 '이론 중심' 패러다임

아이+교과 내용 ➡ 학습 ➡ '더 나은' 사람(지적으로) ➡ 더 나은 세상(언젠가 다가올)

내일의 '더 나은 세상 만들기' 패러다임

아이+실제 사회 문제 ➡ 아이들의 해결 방안(+학습) ➡ 더 나아진 세상(현재) ➡ 세상을 바꾸는 역량을 갖춘 사람(영구적)

비전 vs 실행

이 책은 '실행'보다는 '비전'을 주로 다루는데, 그러는 데는 분명한 이유가 있다. 지금 시점에서 가장 필요한 것은 K-12 교육에 대한 비전과 사고방식의 전환이기 때문이다. 우리 모두 이런 필요성을 이해할 필요가 있다. 세상이 어떻게 변할지 더 큰 그림을 그려보고, 변화된 세상에 맞춰 교육을 어떻게 조정해야 할지 고민해야 한다.

어떤 사람들은 수많은 사례를 눈으로 확인하고 나서야 생각을 바꾼다. 이 책은 앞으로 벌어질 일의 전형이 되거나 전조가 될 실제 사례들을 소개한다. 이 책의 후속으로 새로운 비전을 추구하는 사람과 지역을 상세히 소개하고 새로운 비전을 실현하기 위한 다양한 방법과 실질적인 조언을 담은 책이 조만간 출판될 예정이다.

나는 앞에서 언급한 여러 계층의 독자들에게 이제 막 발돋움을 시작한 새로운 교육의 비전을 설명하려 한다. 새 교육 모델이 왜 더 훌륭한지 독자들이 이해할 수 있기를 바라면서 새로운 방향으로 생각과 행동을 바꾸기 시작한 사람들을 간단히 소개하려 한다. 변화를 거부하는 속성을 지닌 교육의 강력한 저항에도 불구하고 장차 아이와 어른 모두에게 엄청난 혜택을 가져올 새 교육을 어떻게 실현할지 청사진도 제시할 것이다.

여러분이 사회 지도층에 있든, 교육자나 정치가이든, 부모나 학생이든 이 책을 읽고 더 나은 K-12 교육을 위한 범세계적 운동에 동참할 수 있기를 기대한다.

왜 지금인가?

새로운 K-12 교육 모델에 대한 요구는 우리 아이들의 새로운 기량이 갈수록 점점 커지고 있으며, 아이들이 이런 능력을 긍정적인 방향으로 발휘할 수 있게 어른들이 도와야 한다는 인식에서 생겨났다. 새로운 교육 모델을 실행할 수 있는 방법은 아주 여러 가지다. 그중에서도 특히 많은 곳에서 자연발생적으로 일어나고 있는 '아래로부터의 방법(bottom-up)'에 주목할 필요가 있다. 학령기의 아이들이 주도하는 사회 개선 프로젝트가 바로 그것이다. 아주 많은 아이들이 여러 가지 새롭고 강력한 방식으로 세상을 개선하는 실질적인 프로젝트를 해낼 수 있다. 전에는 볼 수 없던 새로운 현상이다. 현행 교육 과정은 이런 일을 돕거나 권장할 목적으로 설계되지 않았기 때문에 우리는 이제 새로운 방향에서 이제까지와 다른 접근을 해야 한다.

새로운 관점

비전이나 관점의 전환은 모든 변화의 뿌리가 된다. 물론 행동의 변화도 뒤따라야 하지만 K-12 교육에 진정으로 필요한 것은 사고의 전환이다. 그러나 기성세대는 어떤 형태로든 구식의 이론 중심 교육을 받았기 때문에 새로운 방식을 구상하는 것조차 어려울 수 있다. 우리는 어릴 때부터 오랜 세월을 K-12 교육이 무엇인지 보고 듣고 경험하며 살아왔다. 그러므로 새로운 교육 모델에 대해 처음 들었을 때 그것이 더 좋다고 생각해서 이전 방식을 버리겠다고 하는 사람은 거의 없을 것이다. 하지만 그렇게 해야 한다.

지금의 K-12 교육은 지역에 따라 형태는 조금씩 다르지만 밑바탕에는 공통된 고유의 기본 명제가 깔려 있다. 보다 효율적인 사고력을 지닌 개인을 양성한다는 것이다. 그러나 효과적인 행동력, 대인관계 능력, 사회참여 실현 같은 역량은 고려하지 않는다. 뛰어난 사고력의 중요성을 반박할 사람은 아무도 없을 것이다. 하지만 시간이 흐르면서 우리는 사고력을 신장시키기는 고사하고 아이들을 위한 계획을 할 때마다 사고력 신장이라는 교육적 사명의 설 자리가 좁아지고 있다는 사실을 간과하고 있다. 물론 효과적인 사고력이 사회에서 성공하거나 장래 희망을 이루기 위해 아이들이 요구하거나 숙달해야 할 기량의 전부는 아니다. 중요하기는 하지만 단지 아이들에게 필요한 여러 기량 중 하나이다.

현행 K-12 교육을 개선하려는 시도와 개혁의 방법도 매우 다양하다. 그러나 상당히 많은 경우가 '사고력에만' 기반을 둔 기존 이론 중심 교육에서 크게 벗어나지 않은, 점진적 변화를 추구한다. 그런 변화만으로는 충분하지 않다. 다행히 이제 우리 앞에 새로운 길이 모습을 드러내기 시작했다. 그것은 아이들 스스로 더 나은 세상을 만들 수 있도록 아이들의 역량을 강화시켜주는 것이다. 이 새로운 길을 걷고 싶어 하는 사람뿐만 아니라 이미 그 길을 걷고 있는 사람도 점점 많아지고 있다.

'더 나은 세상을 만드는 역량 중심' 교육 비전은 앞으로 무수히 많은 형태로 시행될 것이다. 또 형태는 다르더라도 공통된 기본 요소가 몇 가지 들어 있을 것이다. 이 책에서 중점적으로 다루는 것이 바로 이 공통된 기본 요소들이다. 실제로 '개혁'이라는 이름을 붙일 만한 것인지를 알려면, 즉 새로운 방향으로 교육을 발전시키는 것인지 아니면 단지 과거의 교육을 점진적으로 개선하는 것에 불과한지 구별하려면 머릿속에 가야 할 목적지를 그려봐야 한다.

더 나은 세상을 만드는 역량 중심 K-12 교육 비전은 다음과 같은 공통 요소를 포함한다.

1. **교육목표의 변화**: 언젠가 세상을 개선하는 어른이 되도록 학생 개인을 교육하는 것에서 교육의 일환으로 지금 세상을 개선하는 것으로 교육목표가 바뀐다.
2. **교육 수단의 변화**: 학과 학습과 성적 중심에서 열정을 발휘해 실질적인 사회참여를 실현하는 것으로 교육 수단이 바뀐다.
3. **기대하는 교육 결과와 필수 교육과정의 변화**: 모든 아이가 능숙하게 잘 하기를 기대하는 것은 수학, 국어, 과학, 사회 과목 그 자체가 아니라 효과적인 사고력, 행동력, 인간관계, 사회참여 실현이다.
4. **교수법의 변화**: 교실을 통제하고 내용을 전달하는 이론 중심 접근 방식에서 벗어나 그냥 단순한 교수법이 아닌 매우 강력한 기술(technology) 사용을 기반으로 신뢰, 존중, 독립, 협동, 친절을 통해 아이들이 효과적으로 무엇인가를 실현할 수 있게 역량을 키워주는 방식으로 전환한다.

나는 독자들이 이 책을 다 읽었을 때 각각의 공통 요소가 어떻게, 왜 변하는지, 그것이 K-12 교육 비전이 새로 추구하는 방향에 어떻게 들어맞는지, 새로운 비전이 가져올 혜택은 무엇인지 보다 잘 이해하고 공감할 수 있기를 바란다.

이 책의 구성은 이렇다. 1장은 우리 교육에 근본적인 변화가 필요한 이유를 살핀다. 현행 교육제도가 미래에 적합하지 않을 뿐더러 점진적인 개선으로는 그 문제를 해결할 수 없는 이유를 설명할 것이다. 2장은 기존 틀에서 벗어나 새로운 방식을 추구하려는 사람들이 직면하는 도전에 대해 다룬다. 3장과 4장에서는 새로운 역량을 갖추게 된 아이들과 그 아이들이 실현할 수 있고 또 실현하기를 간절히 바라는 일에 대해 이야기한다. 5장은 지난 수백 년 동안 교육에서 배제되었던 실질적인 사회참여 실현에 대해 논의하고, 역사적 교육 전통 두 가지를 다시 결합함으로써 실질적인 사회참여를 어떻게 실현할 수 있는지 집중적으로 다룬다. 6장부터 8장까지는 새 교육에 대해 개략적으로 기술하고, 과거의 '성취(achievement)'와 미래에 요구되는 '실현 (accomplishment)'을 구별해서 설명한다. 9장은 현재 실행되고 있는 대부분의 수업 중심 교육과정이 아닌 실질적인 사회참여 활동을 교육 내용으로 삼고 그것을 지원하는 종합적이고 보다 나은 교육과정을 제시한다.

새로운 비전을 공유하고 그것이 더 좋은 이유를 이해했다면 다음 과제는 그 비전을 실현하는 것이다. 10장은 새로운 비전을 실현하는 과정에서 '기술'이 담당하게 될 보다 효과적이고 유용한 역할에 대해 이야기한다. 11장은 달라진 교사 역할과 교사가 걸어가야 할 새로운 방향을 제시한다. 12장과 마지막 장에서는 변화가 언제 일어날 것이며, 변화가 일어났을 때 우리가 얻을 혜택은 무엇인지 논의한다.

이 책은 근본적으로 유치원부터 고등학교까지 초·중등 교육의 새로운 비전에 관한 것이다. 본질적인 변화를 원하는 사람들이 마침내 "어제나 오늘의 교육 비전은 내가 원하는 것이 아니다. 나는 내일의 교육 비전이 좋다."라고 말하거나 "개선되었다 해도 이전의 틀을 크게 벗어나지 않은 학과 수업 중심 교육은 원하지 않는다. 우리 아이 혹은 내 자신을 위해 나는 더 나은 세상을 만드는 교육을 선택할 것이다."라고 말할 수 있도록 미래 비전의 개별 구성요소들이 어떻게 하나로 통합되고 있는지 중점적으로 다룰 것이다.

"본질적인 것에는 하나 됨을, 비본질적인 것에는 다양성을, 그리고 모든 것에는 넉넉한 사랑을"이라는 아우구스티누스St. Augustine의 명언이 있다. 이 책에서 본질적인 것은 세계를 하나로 통합시키기 시작한, 새로운 K-12 교육 비전의 기본 요소들이다. 다양함은 공통된 새 비전을 실행에 옮기는 수많은 활동에서 찾을 수 있다. 실제로 세계 곳곳에서 다양한 형태로 새 교육 비전이 실행되고 있다. 무엇보다도 중요한 넉넉한 사랑은 새롭게 역량을 갖춘 아이들을 더욱 존중하고 인정하는 우리 어른들의 태도를 말한다.

2장

새로운 세상을 위한 도전

"지금 아이들은 우리 세대가 자란 세상과는 확연히 다른 새로운 세상을 살고 있습니다. 그리고 과거 우리보다 훨씬 엄청나고 새로운 능력을 요즘 아이들은 가지고 있습니다."

| 어떤 나라의 교육부에서 학년말에 다음과 같은 법령을 공표했다고 해보자.

내년 우리나라의 교육은 완전히 새롭게 탈바꿈할 것이다. 달라진 교육의 핵심은 교과목이나 학업 성적이 아니다. 국가 전체와 지역 사회를 보다 살기 좋은 곳으로 바꾸는 데 중점을 둘 것이다.

일 년 동안 전국의 모든 학생과 교사는 어떤 식으로든 더 좋은 나라를 만들기 위한 일련의 실질적인 사회참여 프로젝트에 온 힘을 쏟을 것이다.

프로젝트를 정하고 내용을 구성하는 주체도 교육부가 아닌 학생과 교사이다. 참가자들은 학급 단위로 팀을 꾸리기도 하고, 학급 내 또는 학급 경계 없이 학생과 교사가 팀을 꾸려 프로젝트를 수행할 수도 있다. 가능하다면 전국적인 규모로도 진행할 수 있다. 승인을 얻고 프로젝트를 착수하기 위해서는 한 가지 조건만 만족하면 된다. 그것은 '해당 프로젝트가 어떻게 우리 사회의 일면을 개선할 수 있는지 보여야 한다.'는 것이다.

모든 프로젝트에는 구체적인 목표가 있어야 한다. 동네의 주거 환경과 기능을 개선하는 것에서부터 지역 사회의 기반 시설을 확충하거나 국가의 유산과 역사를 보존하는 것, 지방 정부와 관리 기관을 돕거나 불우한 이웃의 삶을 개선하는 것, 온라인은 물론 오프라인 집단 간 새로운 관계를 형성하는 것, 기술을 확충하거나 발전시키는 것에 이르기까지 다양한 목표가 가능하다. 그 밖에도 많은 좋은 아이디어를 프로젝트의 목표로 삼을 수 있다. 참가자들은 새로운 것을 고안하거나 임의로 결정을 내릴 때는 제약이 있지만 그 외에는 별도의 제약이 없다. 프로젝트 기간도 가변적이다. 예를 들어, 흉물이 된 땅을 지역 공동 정원으로 가꾸는 프로젝트라면 몇 주가, 국내 최고의 와이파이 존을 학교나 동네에 설치하는 프로젝트는 몇 달이 걸릴 것이다. 일정 지역에 질병이 확산되는 것을 완전히 차단하거나 둔화시키기 위한 프로젝트라면 일 년은 족히 걸릴 것이다. 학생들은 여러 프로젝트를 동시에 수행할 수도 있다. 팀 구성원들이 최선이라 생각하는 방법으로 더 좋은 사회를 만들기 위해 쏟는 열정이 프로젝트의 밑거름이 될 것이다. 참가자들은 일 년 이내에 긍정적인 결과를 산출하고 그들이 정한 궁극적인 목표를 향해 나아가야 한다. 참가 팀은 교사가 주도할 수도, 학생이 주도할 수도 있으며 교사와 학생이 함께 주도해도 좋다. 각 팀은 창의적인 방식으로 민간기업이나 정부기관, 비정부기구(NGO)에 프로젝트의 협력자로 참여해줄 것을 요청할 수 있다.

전국 모든 학생과 교사가 프로젝트에 참여할 것이다. 우리는 학생과 교사 모두 계획을 세우고 실행에 옮길 수 있는 창의적 능력을 갖추고 있다고 믿는다. 따라서 정해진 구조나 규정은 거의 없고 최소한의 지침만 공지할 것이다. 참가자들은 이번 여름에 프로젝트를 미리 계획할 수 있다. 개학하고 한 달 후 팀을 결성해 참가 신청을 마치면 프로젝트를 시작하게 된다.

우리는 프로젝트의 진행 상황을 알 수 있도록 웹사이트를 만들어 모든 학교가 컴퓨터나 스마트폰으로 접속할 수 있게 할 것이다. 종료

된 프로젝트는 온라인 투표를 통해 다음과 같은 평가를 받는다. (1)좋은 변화를 가져온 프로젝트(거의 모든 프로젝트가 여기에 해당될 것이다.) (2)두드러지게 좋은 변화를 가져온 프로젝트(전체의 10%가 여기에 해당될 것이다.) (3)아무런 변화도 이루지 못한 프로젝트. 우리는 3번 같은 평가를 받는 프로젝트가 극소수이기를 바라지만, 만약 그럴 경우 목표를 달성할 수 있도록 개선안을 제시할 것이다.

이 계획안의 모토는 다음과 같고, 내년도 우리나라 교육의 기본 방향이기도 하다.

여러분은 우리나라를 더 살기 좋은 곳으로 바꿀 수 있다. 세상이 놀라도록 여러분이 그리고 우리가 얼마나 많은 일을 해낼 수 있는지 보여주자.

이번에는 이 계획안이 실제로 실행되었고, 그 후 일 년이 지났다고 해보자. 결과는 어떨까?

- 그 국가는 더 살기 좋은 곳이 되었을까?
- 이제 교육 당국은 다음 해에 훨씬 더 좋은 나라로 바꿀 수 있는 방안을 많이 가지고 있을까?
- 더 좋은 나라, 더 좋은 지역 사회를 만드는 프로젝트를 끝마친 학생들은 자신감, 효용가치, 열정, 교육 참여가 더 높아졌을까?
- 참가 교사들의 의욕과 교육 참여도 더 좋아졌을까?
- 프로젝트 수행에 필요한 정보를 직접 찾아보면서 학생들은 유용하

고 중요한 정보를 많이 얻었을까?

- 아니면 모든 것이 엉망이 되고, 아이들은 일 년 동안 학업 손실을 겪고 손해만 본 것일까?

질문의 답은 모르지만 내게 그만한 힘이 있다면 나는 실험을 시행해 볼 것이다. 오늘날 시행되고 있는 유치원 및 초·중등 교육은 그 가능성과는 달리 실제로 우리 아이들은 물론이고 지역 사회, 국가, 국제 사회에 그다지 유용하지 않으며, 삶의 질을 개선하는 데도 별 도움이 되지 않는다. 우리에게는 더 나은 교육이 필요하다.

가능할까?

이런 도전은 설령 시행되더라도 큰 변화를 일으키지는 못할 거라고 의심하는 사람들이 있다. 이들은 인간은 '무엇을 해야 할지에 대해 지시받기'를 좋아하고 그러기를 기대하기는 해도 스스로 목표를 정해 달성하려고 하지는 않는다고 말한다. 또한 상당히 많은 지역의 학생과 교사들이 '동인(agency)'이라는 개념에 대한 준비가 되어 있지 않다고 주장한다. 다시 말해, 자신이 속한 세상을 더 나은 곳으로 바꾸는 일을 책임지고 맡을 준비가 되어 있지 않다는 것이다. 그런 교사나 학생에게 이것은 엄청나고 받아들이기 힘든 관점의 전환이다.

그러나 나는 사람들이 생각하는 것보다 훨씬 많은 아이들이 도전을 할 준비가 되어 있다고 생각한다.

"우리 아이를 실험 대상으로 삼지 마라"

교육부 장관이나 그에 준하는 권한을 지닌 사람이 이 계획안을 추진한다면 분명 "우리 아이를 실험 대상으로 삼지 마라!"라거나 "나는 우리 아이가 내가 받았던 정도거나 그보다 나은 교육을 받기 원한다."라고 말하는 성난 학부모들과 대면해야 할 것이다. 지금도 많은 학부모들이 이렇게 외치고 있다.

내가 교육부 장관이나 교육감이라면 나는 부모들에게 이렇게 말할 것이다.

"여러분이 무엇을 걱정하는지 잘 알고 있습니다. 그러나 실험을 해서 더 좋은 방법을 찾아야 합니다. 지금 아이들은 우리 세대가 자란 세상과는 확연히 다른 새로운 세상을 살고 있습니다. 그리고 과거 우리보다 훨씬 강력한 힘을 지니고 있습니다. 과거에는 아이들이 가질 수 없었던 엄청나고 새로운 능력을 요즘 아이들은 가지고 있습니다. 솔직히 저는 이렇게 능력 있는 아이들을 새로운 환경에서 교육하는 최선의 방법이 무엇인지 아직 잘 모르겠습니다.

현행 교육이 우리의 삶을 조금은 향상시킬지 몰라도 더는 이전만큼 효과적이지 않다는 사실을 우리 모두 알고 있습니다. 상황이 이런데도 더 좋은 교육 방법을 찾기 위한 실험을 하지 않는 것은 무책임한 행동입니다. 여러분은 모두 책임감 있는 부모라 믿습니다. 저 또한 책임감 있는 교육가라 자부합니다. 이 실험을 계속 진행할 수 있게 도와주십시오. 우리 모두 새로운 시대에 살고 있지 않습니까."

새로운 탐험의 시대

서기 천 년경까지 대략 20만 년 동안 인류는 농경 생활을 했다. 지구상의 거의 모든 인간이 어떤 형식으로든 농사를 짓거나 가축을 길렀다. 농경시대는 오래 지속되었다. 극소수를 제외한 모든 아이들은 부모 세대와 마찬가지로 자신도 농사를 짓거나 들판에서 일하게 되리라는 것을 잘 알고 있었다. 첫 번째 천 년의 시대라 불리는 시간 내내 거의 모든 인류는 농경 단계에 머물러 있었다.

얼마 전에 막을 내린 두 번째 천 년의 시대에 접어들자 많은 것이 달라졌다. 대대적인 건설과 개발이 이루어졌고, 특히 마지막 백 년은 더없이 많은 변화가 일어났다. 거대 도시들이 생겨나고 산업화가 시작되었으며, 위대한 발명이 이루어지고 훌륭한 사회 기반 시설이 구축되었다. 이 시대에 성장한 아이들은 그야말로 건설의 시대를 살았다. 뿐만 아니라 개인 탐험가와 용감한 개척자가 그리 많지는 않았지만 발견의 시대이기도 했다.

세 번째 천 년을 맞이해 우리는 과거에 전혀 경험해보지 못한 이른바 새로운 탐험의 시대로 들어서고 있다. 가장 두드러진 변화는 거의 모든 사람이 탐험과 발견에 참여할 수 있다는 것이다. 지금 자라고 있는 아이들은 지구는 물론이고 우주 공간까지 탐험할 것이다. 전에는 불가능했던 인간 두뇌와 심리에 대한 탐사와 이해가 가능해질 것이다. 한창 생성되고 있는 새로운 디지털 공간과 가상의 세계도 탐험할 것이다. 새 천년의 아이들은 과거에는 결코 풀 수 없었던, 인류와 지구가 직면한 문제를 해결하는 데 한몫 톡톡히 할 것이다.

무엇보다 고무적인 것은 인격이 형성되는 시기의 어린아이일지라도 어른이 될 때까지 기다릴 필요 없이 세상 문제를 탐구하고 해결하는 활동에 참여할 수 있고, 자신이 사는 세상을 더 나은 곳으로 바꾸는 데 기여할 수 있다는 것이다. 이것이 우리 모두에게 가장 큰 변화가 아닐까.

3장

글로벌 역량을 갖춘 아이들

'글로벌 역량을 갖춘 아이들'은 사회 문제를 인식했을 때 그것을 해결하기 위해 기다리거나 허락을 구할 필요가 없음을 깨달은 아이들이다. 이들은 자발적으로 일을 맡아 처리한다.

| 대략 6~18세 연령대의 아이들은 오늘날 가장 멸시받으면서 합당한 인정을 받지 못하고 과소평가되는 집단이지만 미래에는 세상에서 가장 강력한 집단이 될 것이라 해도 과언이 아니다.

이런 말을 하는 이유가 무엇일까?

'멸시받는' 대상이라고 말한 이유는 간단하다. 미국을 포함해 대부분의 나라에서 어른들은 아이들을 대할 때 실제 어떤 존중도 하지 않는다. 아이들의 말에 거의 귀 기울지 않고, 그러려고 하지도 않는다. 아이들에게 적합한 목표를 설정하는 것이 아니라 대개 어른들이 원하는 목표를 아이들에게 부과한다. 어른들은 한 치의 흐트러짐도 없이 아이들에게 어디로 가야 하고, 무엇을 해야 하는지 말한다. 아이들은 독립적이거나 독자적이었을 때가 아니라 어른들이 정한 '표준'에 부합했을 때 보상을 받는다. 이것은 40여 개국의 아이들로부터 직접 들은 이야기다. 세계를 돌며 진행한 학생토론회에서 나온 아이들의 가장 큰 요구사항은 어른들로부터 더 많이 존중받는 것이었다.

'합당한 인정을 받지 못한다'는 말 또한 쉽게 이해할 수 있을 것이다. 아이가 진심으로 원하고 할 수 있다고 자신하는 일과 어른이 바라는 일 중에서 하나를 선택해야 할 때 선택은 매번 뻔하다. 아이들이 새로운 기술을 이용해 무엇인가를 조직하거나 과제를 완수할 수 있다는 것을 우리는 좀처럼 인정하려 들지 않는다. 심지어 그런 기술을 사용할 수 있는 기회를 주려고도 하지 않는다. 우리는 아이들의 교육이 주로 교실 안에서 시행되거나 학교와 관련된 활동을 통해 이뤄지기를 기대한다. 교실이나 학교 교육과정의 테두리를 벗어나 아이들이 주도하는 교육 활동은 여간해서는 인정되지 않으며 보상도 거의 받지 못한다. 아주 가끔, 공립학교보다 사립학교에서 학생들이 주도하는 '사회봉사활동'을 하기도 하지만 아이들의 권한은 미미하다.

우리는 대체로 아이들의 학업 성취에 관심을 가지며, 오로지 성적이 올랐을 때 아이에게 보상을 한다. 사회참여 활동으로 이룬 성과에 대해서는 거의 보상을 하지 않으며 심지어 가치 평가도 하려 하지 않는다. 지금의 교육 제도에서는 아이들의 사회참여가 아주 드물기 때문이기도 하다.

아이들이 '과소평가'된다고 말한 까닭은 아이들이 할 수 있는 일, 특히 더 나은 세상을 만드는 일에 최대한 잠재력을 발현할 기회가 여간해서는 주어지지 않기 때문이다. 우리는 아이들에게 실생활의 문제를 해결하라고 요구하기는커녕 문제를 찾아보라고 하지도 않는다. 그런 일은 어른들 몫이라고 생각하기 때문이다. 그야말로 훌륭한 교사만이 학생들에게 "내가 놀랄 만한 것을 한번 해보라."고 용기 있게 말하고 학생들이 해낼 수 있도록 기회를 만들어준다.

물론 예외도 있겠지만 내가 전달하는 메시지는 전 세계 대부분의 아이들에게 적용된다. 심지어 '최고의 학교'에서조차 아이들은 최소한의 권리를 제외하고는 교사로부터 멸시받고 인정받지 못하며 과소평가된 채 자라고 있다. 물론 이 말도 아이들에게 직접 들은 것이다.

또 다른 길

길은 하나만 있는 것이 아니다. 새로운 기술의 시대가 열리면서 자신을 가르치는 교사뿐만 아니라 자신이 받을 교육에 대해서도 새로운 관계를 형성하는 역량 있는 청소년 세대가 세상에 새롭게 등장하기 시작했다. 지금으로서는 여기저기서 희미한 빛만 내비치고 있지만 이들의 누적 효과는 막강할 것이다. 만일 아이들이 자신에게 주어진 새로운 힘을 믿고 사용하는 법을 배운다면, 그리고 너무 늦은 감은 있지만 아이들의 능력을 억누르는 노력을 지금이라도 모두 중단한다면 새 교육의 효과는 더욱 강력해져서 결국 표준(norm)으로 자리매김할 것이다.

'글로벌 역량을 갖춘 아이들'은 사회 문제를 인식했을 때 그것을 해결하기 위해 기다리거나 허락을 구할 필요가 없음을 깨달은 아이들이다. 이들은 자발적으로 일을 맡아 처리하고 문제를 해결하기 시작한다. 한 아이가 "저는 옳다고 생각하는 것을 할 뿐이에요."[2]라고 말한다. 이제 이 아이들은 기술을 이용해서 또는 기술의 도움 없이도 부당한 관행을 고치고, 고장 난 사회 기반 시설을 수리하고, 중고 물건을 재활용하고, 친구들에게 기술을 가르쳐주고, 서로 네트워크를 조직하고, 공원을 설계하고, 환경을 보호하거나 공식적인 환경보고서를 작성한다. 이 아이들은 세계 어디에서나 활동할 수 있는 '글로벌 역량을 갖춘 아이들'이자 거의 모든 지역에서 찾아볼 수 있는 '역량 있는 글로벌 아이들'이다. 이 아이들은 단순히 학교 놀이를 하면서 어린 시절을 보내는 옛날 방식을 거부한다. 어떤 아이들은 중도에 학교를 그만 두기도 하지만 보통은 일의 우선순위를 바꾼다. 지금은 많은 아이들이 기존 방식과 새로운 방식 사이에서 균형을 잡고 있지만, 모두가 저울이 한 쪽으로 기울어지기를 기다리고 있다.

네트워크로 연결된 확장된 마음

아이들은 점점 자신을 네트워크로 연결된 '확장된 마음(extended minds)'이라고 인식한다. 우리 역시 그런 시각으로 아이들을 바라봐야 한다.

아이들의 확장된 마음은 대부분 많은 아이들이 소지하고 다니는 첨단 기기, 예컨대 클라우드, 컴퓨터, 게임기 같은 다른 강력한 장치에 연결해 사용할 수 있는 스마트폰 덕분에 가능해졌다. 읽기 능력이 있다면 아이들은 첨단 기기의 도움으로 정보를 흡수할 수 있고, 쓰기 능력이 있다면 보고서를 작성할 수 있다. 뿐만 아니라 새로운 방식으로 정보를 결합하거나 분석하거나 변형할 수 있다. 학생들이 첨단 기기를 이용해 할 수 있는 일을 간단히 살펴보자.

- 어디에 있든 실시간으로 다른 사람과 공동 작업을 할 수 있다.
- 전 세계 데이터베이스를 결합하거나 분석할 수 있다.(예를 들어 아이폰 시리Siri를 인터페이스로 사용하는 울프럼알파wolf-ram Alpha로 가능하다.)

- 시스템이나 인구 통계에 대한 시뮬레이션을 무한 반복할 수 있다.
- 로봇공학과 인공지능을 이용해 활동 범위를 확대할 수 있다.
- 은하계 끝이나 두뇌의 미세구조에 관해 알려지지 않았던 사실을 밝혀낼 수 있다.
- 주제가 무엇이든 전 세계의 다양한 사람들을 대상으로 대규모 여론 조사를 할 수 있다.

그 밖에도 할 수 있는 새로운 일이 많은데, 상세한 내용은 내가 쓴《두뇌 유입(Brain Gain)》을 참조하기 바란다. 오늘날 지구상의 거의 모든 아이들이 스마트폰이라는 첨단 기기를 알고 있으며, 이런 첨단 장치를 갖고 싶어 한다. 모두의 손에 스마트폰이 들려 있는 시대가 빠르게 다가오고 있다.

'네트워크로 연결되어' 있다는 것은 스마트폰이나 다른 첨단 기기 덕분에 가능해진 기술 기반 사회 연결망 전체를 의미한다.

우리에게 필요한 교육은 요즘 학교에서 흔히 나타나는 학업 경쟁의 악순환 속에 '네트워크로 연결된 확장된 마음'을 가두는 것이 아니라 아이들이 역량을 자유롭게 발휘하도록 돕는 것이다. 오늘날 우리가 제공하는 교육을 스스로 거부하는 아이들이 너무나 많다. 현행 교육과정에 설정된 목표를 달성하거나 시험에서 높은 점수를 받으라고 심하게 압박하면서 이론 중심 교육이 지향하는 방향으로 아이들의 등을 강하게 떠밀었을 때 차라리 죽음을 선택하는 것이 낫다고 생각하는 아이들이 생겨나고 있다. 더욱 안타까운 것은 이런 현상이 한 지역에만 국한된 것이 아니라 세계적인 문제로 나타나고 있다는 사실이다. 싱가포르, 한국, 실리콘밸리에 이르기까지 다양한 지역에서 학업 부담 때문에 아이들이 스스로 목숨을 끊고 있다.[3]

이런 현실이 아이들이 살기에 마땅한가? 이것이 우리가 원하고 우리 아이들에게 필요한 교육인가? 우리는 더 나은 길을 찾을 수 있을 것이다.

우리에게 필요한 교육은 요즘 학교에서 흔히 나타나는 학업 경쟁의 악순환 속에 '네트워크로 연결된 확장된 마음'을 가두는 것이 아니라 아이들이 역량을 자유롭게 발휘하도록 돕는 것이다.

4장

더 나은 세상 만들기 프로젝트 10가지

학생 사회참여 프로젝트에서 중요한 것은 아이들이 자신이 사는 세상을 발전시키는 유익한 일을 직접 한다는 것이고, 그 과정에서 무엇인가 배운다는 사실이다.

| 글로벌 역량을 갖춘 아이들을 위해 우리가 할 수 있는 일 중 하나는 아이들이 새로 계발한 역량을 더 나은 세상을 만드는 프로젝트에 쓰도록 돕는 것이다. 그래서 더 나은 세상을 만드는 프로젝트는 어떤 것이고, 요즘 아이들이 학교에서 수행하고 있는 프로젝트와는 어떻게 다른지 이해하는 것이 중요하다.

더 나은 세상을 만들기 위한 실질적인 프로젝트란 아이들이 속한 지역 사회나 국제 사회에 실질적이고 지속적인 변화를 이끌어낼 수 있는 사업이나 활동을 말한다. 아이들이 자기 손으로 가리키며 "제가 우리 팀 친구들과 함께 해냈어요!"라고 외칠 수 있는 변화 말이다.

교실에서 수행하는 프로젝트는 대부분 '실질적인(real)'이라는 말이 붙더라도 교실 밖 실제 사회에는 아무 영향을 미치지 않는 활동이다. 교실 프로젝트는 대개 교사가 내용을 정하고, 학습목표 달성이나 학습 기준 충족을 주요 목표로 삼는다. 이런 프로젝트는 아이들의 적극적인 참여를 유도할 수는 있지만 학교 밖의 실제 사회에는 아무런 영향도 미치지 못한다. '실제적인(authentic)' 프로젝트라 불리는 활동도 마찬가지다. '실제적'이라는 것은 단지 '실제와 같다'는 것을 의미할 뿐이다. 결코 실행되지 않고 권고로 끝나는 연구 결과, 특정 기관에 제출되는 절대 제대로 검토되지 않는 보고서, 정치인들에게 보내는 반복적인 내용의 편지, 극소수의 사람만 보는 인쇄물 등은 실제적인 프로젝트는 맞지만 실질적인 프로젝트는 아니다. 개선 방안을 내놓는 연구조사 결과나 보고서를 공식 기관에 제출한다고 해도 더 나은 세상을 만드는 실질적인 프로젝트라 할 수 없다. 실제로 대중을 위해 시행되고, 그 결과로 조치가 취해지고 세상에 변화를 일으키는 사업을 '실질적인 사회참여 프로젝트'라 한다.

학생들이 주도하는 실질적인 사회 개선 프로젝트가 이미 세계 여러 지역에서 실행되고 있다. 누구나 쉽게 프로젝트 정보를 이용할 수 있도록 하기 위해 국제 데이터베이스를 구축하는 중이다.(www.globalempoweredkids.org) 데이터베이스에 포함할 만한 프로젝트는 이메일로 제보받고 있다.(marcprensky@gmail.com)

인상적인 프로젝트 사례

이 책을 쓰면서 수집한 학생 사회참여 프로젝트 가운데 개인적으로 가장 인상적인 사례 열 가지를 소개하겠다. 더 나은 세상 만들기 프로젝트는 나날이 그 수가 늘고 있으며, 그것은 웹사이트 www.globalempoweredkids.org에서도 확인할 수 있다.

1. 미국 조지아 주 디케이터에 사는 열넷, 열다섯, 열여섯 살의 삼형제는 자기 가족이 경찰로부터 부당한 학대를 당하고 있다고 느꼈다. 아이들은 '이런 문제 해결을 돕는 모바일 앱을 만들면 어떨까?'라고 생각했다. 온라인으로 배운 코딩 기술을 이용해 아이들은 모바일 앱 Five-O를 만들었다. 경찰이나 공무원과 충돌한 적이 있는 시민들이 자신의 경험에 등급을 매기고 다른 지역과 비교할 수 있게 하는 프

로그램이다. Five-O 다운로드 서비스를 제공하는 구글플레이는 시민들이 Five-O를 이용해 "부당한 법집행 사례를 직접 기록하고 데이터로 저장할 수 있다."고 설명한다. 기록된 사건들은 전산으로 수집·분석되어 지역별로 분류되고, 개별 경찰관이나 관할 경찰서 등급을 평가할 때 이용할 수 있다. Five-O는 많은 사람들의 관심을 받고 있으며, 구글플레이 사이트에 좋은 업그레이드 의견이 계속해서 올라오고 있다. Five-O와 관련된 동영상은 www.huffingtonpost.com/2014/08/18/teens-policebrutality-app_n_5687934.html 에서 볼 수 있다.[4]

2. 사우스캐롤라이나 주 컬럼비아에 사는 세 명의 여중생은 비영리단체 e-NABLE의 웹사이트(www.enablingthefuture.org/)에서 무료 이미지 파일을 구해 3D프린터로 의수를 제작했다. 아이들은 인터넷으로 의수가 필요한 사람의 신청을 받아 개인에게 맞는 의수를 제작했다. 완성된 의수는 '손 나눔 행사(Hand-a-thon)'를 열어 필요한 사람에게 나눠 주었다. 관련 동영상은 www.3dprint.com/70224/girl-power/에서 볼 수 있다. 이 프로젝트는 다른 지역으로도 확대되어 많은 학교에서 비슷한 행사가 열리고 있다.[5]

3. 워싱턴 DC에 사는 열네 살 소년 요니 캘린Yoni Kalin은 가족과 함께 갔던 식당들이 대기 시간 동안 아이들에게 그림을 그리라고 주는 크레파스를 사용 후에 모두 버린다는 것을 알았다. 캘린은 방과 후 창업 수업에서 얻은 아이디어를 활용해 '세상을 채색하는 모임(Color My World)'이라는 비영리단체를 만들었다. 중·고등학생과 대학생 자

원봉사자로 구성된 이 단체는 쓰다 버린 크레파스를 수집해 살균 소독한 후 크레파스를 살 수 없는 아이들에게 나눠준다. www. colormyworldproject.org를 방문하면 이 단체에 대한 많은 정보 를 알 수 있고, www.colormyworldproject.org/press/에서 관련 동영상을 볼 수 있다.[6] 다른 청소년 사업가의 예는 7장에서 소개할 것이다.

4. 네브래스카 주 노스플랫의 한 초등학교 4학년 학생들은 담임 선생 님에게 새로 세울 지역 워터파크의 설계 아이디어를 공개 모집한다 는 말을 들었다. 아이들은 즉시 프로젝트 팀을 꾸려 원하는 워터파 크를 설계했다. 그리고 시의원들을 설득해서 계약을 수주한 건축회 사가 자신들의 아이디어를 실제 설계안에 포함하게 했다.[7]

5. 텍사스 주 웨스트라코의 한 고등학교 수업 시간에 학생들은 세계에 서 가장 큰 위성 안테나인 아레시보 전파망원경이 이끼와 퇴적물이 쌓여 제 기능을 하지 못하고 있다는 이야기를 들었다. 학생들은 담 당 교사의 주선으로 아레시보 천문대의 과학자들과 교류할 수 있었 고, 교사의 지도를 받으며 거대 접시 안테나를 깨끗이 청소하고 관 리하는 정교한 로봇 시스템을 설계했다. 현재 시제품 제작 단계에 있다.[8]

6. 워싱턴 주 포트타운센드에 사는 고등학생들은 오랜 항해 역사를 자 랑하는 해양도시에 방치된 낡은 목조 범선이 관리 부족으로 다 부서 져가고 있다는 것을 알았다. 학생들은 자신이 받은 교육이 학교와 지역 사회를 연결하는 보다 실질적이고 실용적인 것이 되기를 바랐

다. 그들은 지역에 사는 나이 든 기능장들의 도움을 받아 낡은 범선을 복구하는 프로젝트를 시작했고, 결국 지역 사회의 역사적 전통을 살리는 데 기여하게 되었다.[9]

7. 열두 살인 초등학교 6학년 학생들은 학교가 정부기관에 환경 보고서를 의무적으로 제출해야 한다는 말을 들었다. 아이들은 전년도처럼 고비용 컨설턴트를 고용하는 대신에 자신들이 보고서를 작성하면 어떻겠냐고 학교에 제안했다. 학교는 아이들의 제안을 받아들였고, 아이들이 작성한 보고서를 정부기관에 제출해 승인까지 받았다. '단순한 학교 활동' 이상의 결과였다.[10]

8. 콜로라도 주에서는 두 명의 고등학생이 중증 장애를 가진 일곱 살짜리 아이가 원격으로 수업을 받을 수 있게 돕는 개인 맞춤형 조종 장치를 설계·제작했다. 머리를 움직이는 것밖에는 할 수 없는 아이의 신체적 제약을 고려해 특별히 베개 형태로 설계된 압력 감지 조종 장치였다. 아이는 그 조종 장치를 사용해 교실 안팎에서 컴퓨터를 원활하게 조종할 수 있게 되었다. www.dcsdk12.org/community-relations/job-alike-robotic-students에서 관련 동영상을 볼 수 있다.[11]

9. 캐나다 온타리오 주에 사는 여섯 살 난 꼬마는 교사에게 아프리카의 많은 학교들이 깨끗한 물이 부족하고 위생 환경이 열악하다는 이야기를 들었다. 아직 초등학교 1학년이었지만 아이는 '라이언우물재단(Ryan's Well Foundation)'을 만들었고, 현재 이 재단의 자원봉사자들은 천 개 이상의 우물을 파서 16개국 714,000여 명에게 깨끗한

물과 개선된 위생 환경을 제공하게 되었다. 유튜브www.youtube. com에서 관련 동영상을 볼 수 있고, 더 많은 정보는www.ryanswell. ca에서 얻을 수 있다.[12]

10. 예산 삭감으로 정부 지원 수질감시 장비가 철거될 상황에 놓이자 캘리포니아 샌디에이고 하이테크하이 고등학교 학생들이 그 장비를 사용하는 법을 배우기 시작했다. 정부가 막대한 예산을 들여 구입한 고도의 장비가 시범 작동을 위한 예산이 취소되면서 방치되고 있었는데 학생들은 그 장비를 이용해 수질 모니터링을 시작했다. 모니터링 결과를 제출하자 정부에서는 '공식적'으로 인정하진 않지만 인터넷에 자료를 공개해 시민들이 이용할 수 있게 했다.[13]

여기에 소개한 프로젝트들은 하나같이 학생의 학습을 돕는 것 이상의 일을 해냈다는 공통점이 있다. 물론 학습과 관련 있지만 학습이 '최종 목표'는 아니다. 중요한 것은 아이들이 자신이 사는 세상을 발전시키는 유익한 일을 직접 한다는 것이고, 그 과정에서 무엇인가 배운다는 사실이다.

학습만으로 교육이 되는 것은 아니다

요즘 교육자들 사이에서 가장 큰 화두는 '학습'이다. 나는 공식 발표문에서 "학습하는 법을 배우는 것이 아이들이 갖춰야 할 가장 중요한 기량"이라는 말을 종종 듣는다. 학습의 유용성과 학생의 학습을 돕는 일의 유용성을 깎아내리려는 것은 아니지만, 나는 아이들에게 필요한 것과 교육해야 할 내용을 피라미드처럼 정리해서 맨 꼭대기에 학습을 올려놓는 것은 잘못이라고 생각한다. 무엇인가를 '실현'하는 것은 모든 사람에게 필요한 기본적인 기량이며, 학습은 단지 실현을 해나가는 수단 중 하나이다. 무엇인가를 실현하는 방법을 배우는 것만으로 충분하지 않다. 실제로 해봐야 한다.

모든 인간은 삶 속에서 늘 무엇인가를 배운다. 그러나 모두가 무엇인가를 실현하는 것은 아니다. 사실 우리가 생각하는 것보다 훨씬 적은 수의 사람만이 무엇인가를 실현한다.

교육을 바라보는 최선의 관점은, 아이들이 반드시 목표에 도달해야 하는 것은 아니지만 자신이 정한 목표에 도달할 수 있도록 준비시키는 과정이라고 보는 것이다. 아이들에게 가장 필요한 기량은 자신이 열정을 느끼는 분야가 무엇이든 학습을 발판으로 그 분야에서 무엇인가를 실현하는 것이다. 아이들은 장차 자신의 목표에 도달하는 데 가장 도움이 되는 것을 실현해야 하고, 그것을 겨냥해 학습방향을 정해야 한다. 아이들에게 학습방향을 안내하고 돕는 것이 우리 어른이 해야 할 일이다. 바라건대 장차 자기 고유의 방식으로 세상을 발전시킬 수 있는 훌륭하고 유능한 인재가 되는 것이 아이들의 목표에 포함되어 있으면 좋겠다. 나는 개인의 삶뿐만 아니라 개인이 속한 세상을 개선하는 데도 역량을 쏟을 수 있게 학생을 안내하는 것이 교육이 해야 할 일이라 생각한다. 요즘 청소년들도 아마 나와 같은 생각일 것이다.

무엇보다 어른의 시각이 아닌 아이들의 시각에서 세상을 더 나은 곳으로 바꿀 수 있게 교육해야 한다.

그러므로 학습은 그 자체가 목적이 될 수는 있지만 그것이 학생들의 일차적 목표는 아니다. 그렇게 되어서도 안 된다. 학습을 교육 토론이나 실천의 목표로 설정하고 그것에 집중하기보다 아이들이 스스로 설정한 목표를 달성할 수 있도록 우리는 가능한 최선의 준비를 시켜주는 데 더 힘써야 한다. 교육은 반드시 실질적인 사회참여 실현을 바탕으로 해야 한다는 말이다. 그런 사회참여 실현의 목표는 더 나은 세상을 만드는 것이 될 것이다.

교육의 일차적 목표는 더 나은 세상을 만드는 실질적인 사회참여 실현에 있으며, 학습은 그것을 가능하게 해주는 기량이다.

이것이 바로 최근 떠오르고 있는 새로운 교육 모델이다.

교육을 바라보는 최선의 관점은, 아이들이 반드시 목표에 도달해야 하는
것은 아니지만 자신이 정한 목표에 도달할 수 있도록 준비시키는 과정이
라고 보는 것이다.

5장

사고와 실현,
두 교육전통의
새로운 결합

미래 사회를 위해 우리는 두 교육 전통을 결합해야 한다. 학문적 성취를 지향하는 교육과 실제 사회에서 무엇인가 실현하도록 가르치는 교육 사이의 끊어진 고리를 다시 연결해야 한다.

많은 사람들이 학문 탐구 과정 및 학습 중심 교육 모델(academic process and learning model)이 우리가 가진 유일한 교육 전통이며 교육을 전달하는 유일한 방법이라고 생각한다. 그러나 세상에는 유서 깊은 위대한 두 교육 전통이 있다.

먼저, 가장 오래되고 또 가장 널리 알려진 전통은 부모·자녀, 스승·제자, 멘토·멘티 사이에 행해지는 일대일 개별 지도이다. 아마 이것은 인류 역사의 시작과 더불어 시작되었을 것이다. 인간은 서로에게 효과적으로 사고하고, 행동하고, 관계를 형성하고, 목표를 실현하는 방법을 가르칠 때 주로 일대일 교육 방식을 사용했다. 일을 가르칠 때도 일대일로 지도했는데, 대체로 가르치는 사람이 직접 시범을 보였다. 인간은 대규모 인력과 군인을 양성하고, 기업을 세우고, 또한 경영하는 법을 배웠다. 그리고 그 과정에서 축적된 모든 지식을 자녀나 제자에게 일대일로 전수했다. 또한 지식을 보존하거나 전수할 만하다고 판단되는 사람에게 지식을 전수할 목적으로 길드(guild; 동업 조합)나 다른 단체를 조직했다. 마침내 문자가 발명되면서 인간은 계산과 기록이 가능해졌고, 계획을 세우고 건물을 지을 수 있게 되었다.

또 하나의 위대한 교육 전통은 특정 개인들이 세상 문제에 철학적인 관심을 갖기 시작하면서 생겨난 것이다. 어떤 이들은 세상에 대한 이해를 넓히고 싶었고, 어떤 이들은 인간과 신의 관계나 영적인 것(spirituality)에 대해 더 깊이 탐구하고 싶었다. 또 어떤 이들은 인간에 대한 보다 깊은 이해와 사유를 원했고, 어떤 이들은 새로운 지식을 창조하고 싶었다. 사유는 인간이라면 누구나 할 수 있는 인간 보편적 특징이지만, 우리가 배우고 실행해야 하는 사유는 엄격한 패턴과 규칙과 절차를 따르는 절제된 사유이다. 이와 같은 절제된 사유가 교육에서 관심을 갖는 영역이 되었다. 시간이 흐르면서 인간은 토론 광장, 대학, 수도회를 세웠는데, 대개는 특권층만 들어갈 수 있었다. 이들은 자신들의 생각을 공유하고 전파해줄 제자를 모집했고, 알고 있는 지식과 새로 배운 것을 서로 교환했으며, 집단 환경 속에서 혹은 장엄한 예식에 따라 지식을 전달했다. 문자가 발명된 후로는 지식을 수집해서 크고 작은 일반 도서관과 종교 도서관에 보관해두었다.

이 두 가지 교육 전통은 '실현(accomplishment) 중심 교육'과 '이론(academic) 중심 또는 사고(thinking) 중심 교육'이라 할 수 있다. 두 전통은 수세기에 걸쳐 제각기 독립적으로 발전했고, 오늘날 별개의 영역으로 자리 잡았다. 이론 중심 전통은 학교 교육으로 이어져 아이의 몫이 되었고, 실현 중심 전통은 직업 현장으로 이어져 어른들의 몫이 되었다.

많은 경우 사람들은 두 종류의 교육을 모두 받아야 한다. 일차적으로 학교에서는 아이들에게 이론 중심 교육을 제공하고, 직장에서는 2차 교육으로 학교에서 배울 수 없는, 실질적 업무를 통해 세상에 가치를 더하는 방법을 가르친다. 최근 들어 수년에 걸쳐 학교 교육을 받고 졸업한 사람도 부가가치를 창출하는 인력으로 만들려면 재교육을 할 수밖에 없다고 불평하는 고용주들이 점점 늘고 있다. 학교에서 배운 기량을 제대로 활용할 기회도 없을 뿐더러 직장 업무에 필요한 기량을 학교에서 가르치지 않은 탓에 불만은 더욱 커지고 있다.

이런 교육은 그야말로 비효율적이고 비효과적인 낭비이며 불필요한 소모다.

미래 사회를 위해 우리는 두 전통을 다시 결합해야 한다. 학문적 성취를 지향하는 교육과 실제 사회에서 무엇인가 실현하도록 가르치는 교육 사이의 끊어진 고리를 다시 연결해야 한다. 아이들의 학교 교육과 어른들의 실무 교육을 연결해야 한다는 말이다. 두 전통을 결합하려는 시도는 세계 각지에서 새로 생겨난 신생 기업들에게서 찾아볼 수 있다. 이들 기업들은 실업이나 불완전 고용 상태에 있는 청소년과 성인들에게 실무에 유용한 기술을 제공하거나 이미 가지고 있는 기량의 유용성을 스스로 깨닫도록 돕고, 사람들이 놓치고 있는 유용한 기술을 파악해서 습득할 수 있도록 방법을 찾아준다. 예를 들어보자.

- 영국 기업 프리포머스Freeformers는 다양한 계층의 사람들에게 그들이 이미 갖추고 있는 기량이 어떤 식으로 비즈니스에 유용하게 쓰이는지 보여주고 있다.
- 또 다른 영국 기업 포텐셜리Potential.ly는 사람들이 자신의 성격을 잘 이해해 잠재력을 최대로 끌어올릴 수 있도록 돕고 있다.

마침내 이제 세상은 아이들에게 시행하는 학교 교육에 실질적인 사회 참여 실현을 포함시킴으로써 두 전통을 결합하는 길을 열기 시작했다.

훌륭한 이 두 교육 전통을 하나로 통합하기 위해 우리가 반드시 넘어야 할 장벽이 있다. 바로 오랜 시간 쌓인 서로에 대한 불신이다. 학교 교육을 받는 대상이 확대되면서 이론 교육을 지지하는 사람들은 정신을 발달시키기 위한 것만이 '진짜 교육'이고, 사고력과 관련 없는 것은 모두 가치가 낮은 것이라고 치부했다. 다른 한편, 실현 중심 교육 지지자들은 학교가 아이들이 졸업 후 실제 사회에 대비할 수 있게 충분히 도와주지 못할 뿐더러 아이들이 목표를 실현하는 데 필요한 기량을 제공하지도 않는다고 생각했다. 이론 중심 교육 지지자 중에 어떤 사람들은 기본적으로 지적 사고와 관련되지 않은 교육을 '훈련' 또는 다른 이름으로 부르기 시작했다. 학교에서는 행동력, 대인관계 능력, 사회참여 실현 능력 등과 같이 사회에서 더 없이 중요한 기량들이 무시되거나 덜 중요하게 다뤄졌고, 종종 '일반 교육' '2차 교육 (second track)' '직업 훈련'이라는 이름으로 불렸다.(아이러니하게도 이론 지향 교육은 어떤 의미에서는 '지식인을 위한 직업 훈련'이라 할 수 있다.) 요즘 학업 성적이 우수한 학생들은 이론 중심의 심화 과목 수업을 들으라는 권유를 자주 받는다. 행동력이나 대인관계 능력은 경멸적 의미의 '소프트 스킬'이라고 일컬어지기도 한다. 아주 예외적인 경우도 있지만 이론 중심 교육자들은 대체로 자동차 정비나 기계 공장처럼 낮은 가치를 지닌 '가게'나 '기술직'이 아닌 이상, 진짜 어른들 세계에서 다루는 분야의 전문가를 결코 교육 현장에 허용하거나 교육에 참여시키지 않는다. 유럽처럼 이원화된 시스템을 가지고 있는 지역들도 있지만, 대부분 지역에서 직업 교육은 이론 지향적 교육자들에 의해 '수준 낮은' 교육으로 여겨지고 있다. 높이 인정받던 실질적인 사회참여 실현이 결국 이론 중심 학교에서 거의 사라지게 되었다.

결과적으로 많은 학교들 사이에서 '사고가 교육의 모든 것'이라는 잘못된 인식이 생겨나게 되었다. 점점 더 많은 기업들이 사회참여 실현에 필요한 실제적 기량이 K-12 교육에는 결여되어 있음을 알고 자체 교육 프로그램을 직접 운영하기 시작했다.

두 교육 전통 다시 결합하기

지금까지 시도된 교육 개선 방안들은 실제로 그다지 유용하지 않다. 아이들이 할 수 있는 일이 폭발적으로 늘어난 요즘과 같은 시대에 해야 하는 최선의 방법은 더더욱 아니다. 우리는 사고 중심 교육과 실현 중심 교육을 결합할 수 있는 더 좋은 방법을 찾아내야 한다. 그것이 우리가 해야 할 일이다. 세 번째 천년의 시대를 맞이해 K-12 교육 모델은 사고 중심 교육에서 벗어나 실질적인 사회참여 프로젝트를 통해서 사고와 실현이 새롭게 혼합된 교육으로 서서히 그러나 거침없이 바뀌고 있다.

K-12 교육 모델은 아이들이 세상에 대해 배우는 학습 중심에서 학교를 다니는 동안 실제로 세상을 더 나은 곳으로 바꾸는 활동 중심으로 바뀌고 있다.

이것은 우리 모두에게 이로울 것이다.

6장

더 나은 세상을 만드는
교육

앞으로 우리가 제공해야 할 새로운 교육은 아이들의 역량을 더욱 강화시켜주고, 아이들이 개인의 열정과 집단으로서의 열정을 발휘해 세상을 더 나은 곳으로 만들 수 있도록 돕는 교육이다.

요점부터 말하자면, 오늘날 K-12 교육이라는 이름으로 아이들에게 제공하는 교육은 아이들의 미래를 생각했을 때 잘못된 것이다. 하지만 다행히 미래에 적합한 교육이 싹트기 시작했고 그 윤곽이 점점 더 또렷해지고 있다.

현행 교육을 잘못된 교육이라고 말하는 이유는 기술(technology)이 제대로 포함되지 않았거나 이른바 21세기형 기량을 충분히 확보하지 않았기 때문이 아니다. 모든 사람에게 공평하게 교육 기회를 제공하지 않았기 때문도 아니며, 교육의 점진적 개선을 위해 열심히 노력하지 않았기 때문도 아니다. 이제 그 이유를 제대로 깨닫기 시작한 사람들이 점점 많아지고 있다.

현행 K-12 교육이 미래에 알맞지 않는 이유는 잘못된 목표와 목적을 가지고 있기 때문이다. 세 번째 천년의 시대에 어울리지 않게 우리가 추구하는 교육목표는 구시대적이다. 지금까지 교육목표는 개인의 발전에 있었다. 그러나 미래에는 세상을 더 나은 곳으로 바꾸고, 그 과정에서 개인을 발전시키는 것이 교육의 목표여야 한다.

새로운 목표가 필요한 이유

도제 제도를 통해 전달되든, 요즘 보편화된 이론 중심 교육 모델을 통해서 전달되든 수백 년 동안 공교육은 개인의 발전과 성취에 역점을 두었다. 기본 가정은 개개인이 기본을 배우고 최선의 진보를 이룬다면 교육을 마쳤을 때 사회로 진출해 더 나은 삶을 누릴 준비가 되어 있을 것이고, 더 나아가 세상을 발전시킬 수 있다는 것이다.

개인의 발전을 교육의 목표나 목적으로 삼는 것이 이제까지는 우리 사회와 아이들에게 적합했을지도 모른다. 그러나 미래를 위한 목표로 는 적합하지 않다.

미래에는 교육의 목적이, 즉 아이들을 교육하는 이유가 세상을 더 나은 곳으로 만드는 것이 될 것이며, 또 그래야 한다. 아이들은 어른 이 될 때까지 기다리는 것이 아니라 교육을 받는 동안에 교육의 직접 적인 결과물로서 더 나은 세상을 만들 수 있을 것이다.

지금 이렇게 대대적인 교육 목표의 변화가 필요한 이유는 무엇일 까? 첫째, 세상이 요구하기 때문이다. 세상을 바꿀 수 있는, 인간의 잠 재 능력 중 아이들이 차지하는 비중은 매우 크다. 아이들이 성장할 때 까지 기다리면서 그런 잠재력을 낭비할 여력이 이제 더는 없다. 둘째, 기술 덕분에 아이들이 주도해서 세상을 대대적으로 개선하는 일이 가 능해졌기 때문이다. 오늘날에는 의지만 있으면 학생들도 이전에는 불 가능했던 방법을 이용해 증분원가(incremental cost;어떤 대안을 선택함 으로써 발생하는 원가 차이 가운데 증가하는 원가-옮긴이)는 거의 없이 엄청 난 증분이익(incremental benefits)을 내면서 세상을 개선할 수 있다. 학생의 학습 성취와 실질적인 사회참여는 아무리 연결지으려 해도 연 관성이 약하다. 반면에 학생이 참여하는 사회 개선 프로젝트는 어른 이 되어 세상을 개선하는 일과 훨씬 더 직접적으로 연관되어 있다.

부가가치를 만드는 아이들

오늘날 우리는 얻을 수만 있다면 모든 도움을 활용해야 하는 시대를 살고 있다. 그럼에도 불구하고 전체 인구에서 큰 비율을 차지하는 학생들의 부가가치 잠재력을 말 그대로 무시하거나 내다버리고 있다. 나이가 어릴수록 아이들의 잠재력 낭비는 더 심하다. 우리는 아이들이 교육을 받고 성장하기 전까지는 교육 제도를 통해 어떤 부가가치도 창출하지 못한다고 단정하고 있다.

그러나 이 책의 4장에서 소개한 사례와 다른 사례들을 통해 알 수 있듯이 오늘날의 청소년들은 보기에만 그럴 듯한 주장을 그대로 받아들이지 않는다. 우리도 마찬가지다.

지구상의 많은 아이들은 자신이 당장이라도 세상에 가치를 더할 수 있는 존재임을 알고 있다. 혼자의 힘으로 해내든, 운이 좋아 어른의 도움을 받거나 프로그램을 통하든 아이들은 실제로 세상에 부가가치를 만들어내고 있고, 그런 사례가 점점 늘고 있다.

식수에서 염분을 제거하는 새로운 방법을 알아낸 사례처럼 초등학생들이 사람들의 안전을 지키는 신제품을 발명하고 있다.[14] 10-11세의 아이들이 자연재해를 극복할 수 있도록 돕는 방법을 고안하고,[15] 암호작성 같은 국가적 차원의 일을 하고 있다.[16] 고등학생들이 폐기물을 활용해 플라스틱을 만드는 방법을 발명하고, 네트워크의 설치나 업그레이드를 직접 해내고, 수질 검사를 하고, 역사 유물을 복원하는 작업을 하고 있다. 성별 구분 없이 모든 연령의 아이들이 세상의 문제를 해결하기 위한 단체나 비영리기관을 조직하고, 자신의 활동과 지식을 유튜브를 통해 다른 아이들과 공유하고 있다. 오늘날 아이들이 해내고 있는 일은 이미 놀라움 그 자체이다. 하지만 아이들의 잠재력은 이제야 막 사용되기 시작했을 뿐이다.

우리는 완전히 새롭고 긍정적인 패러다임의 출발선에 서 있다. 새 패러다임 안에서는 어린 학생일지라도 유익하고 효과적으로, 강제로 빼앗거나 착취하지 않는 방식으로 세상을 더 나은 곳으로 만들 수 있다. 이제 우리에게 필요한 것은 다른 어떤 것보다 이것을 더욱 장려하는 교육이다.

왜 지금인가?

우리는 전례 없이 빠른 속도로 전폭적인 기술적, 사회적 변화가 일어나고 있는 시대를 맞이했다. 수십 년이 걸리던 많은 일들이 그야말로 눈 깜짝할 사이에 일어나고 있고, 사생활에 관한 태도 같이 여러 세대에 걸쳐 고수되었던 관습이 하룻밤 사이에 바뀌는 세상이 되었다. 비록 계속 지켜봐야 할 미지의 것이 아직 많이 남아 있지만 새로운 환경과 상황은 더할 나위 없이 획기적인 방식으로 아이들의 역량을 강화시키기 시작했다. 기술과 환경이 아이들에게 완전히 새로운 역량을 제공하면서 아이들의 생각과 능력이 빠른 속도로 성장하고 있다. 동영상 제작에서부터 계산력, 검색 능력, 번역, 슈퍼컴퓨팅, 위치정보에 이르기까지 이미 많은 아이들이 갖추고 있는 능력들을 생각해보라. 그리고 아이들이 미래에 가지게 될 힘을 상상해보라. 가장 큰 힘은 청소년들 사이에서 빠른 속도로 확장하고 있는 네트워크에서 비롯될 것이다. 청소년들은 서로 관계망을 형성하고 있을 뿐만 아니라 세상 온갖 지식과 지구 상의 모든 사람과도 연결되어 있다. 오늘날의 청소년 세대는 범세계적으로 서로 연결되어 있는, 인류 역사 최초의 진정한 수평 집단이다. 우리는 이 아이들의 미래를 위해 어떤 교육을 해야 할지 알아야 한다.

'두뇌 유연성(brain plasticity)'이란 두뇌가 주변 환경과 투입 자극에 따라 반응을 달리하는 능력을 가리키는 것으로, 지난 사반세기 동안 새로 등장한 신경과학적 개념 중 하나이다. 아이들의 '유연한' 뇌가 새로운 환경에 어떻게 반응하는지 우리는 아직도 정확히 모르지만, 우리가 책임지고 교육해야 할 청소년들을 '모두 네트워크로 연결되어 있는 확장된 마음(extended minds)'이라고 생각한다면 훨씬 도움이 될 것이다.

우리 어른들은 이런 특징을 지닌 청소년들과 공동 탐사에 나서야 한다. 우리 세대와는 다르게 요즘 청소년들은 어른들에게 배우고 나서야 행동으로 옮길 수 있는 어린 아이가 아니다. 아직 어리지만 적절한 지도를 받으면 개인적인 삶은 물론이고 지역 사회와 지구촌 전체를 대대적으로 개선할 수 있는 역량을 지니고 있다.

새로운 사고방식

앞으로 우리가 제공해야 할 새로운 교육은 아이들의 역량을 더욱 강화시켜주고, 아이들이 개인의 열정과 집단으로서의 열정을 발휘해 세상을 더 나은 곳으로 만들 수 있도록 돕는 교육일 것이다. 더 나은 세상을 만들고, 청소년 각각을 세상을 바꿀 수 있는 유능하고 선량한 어른으로 성장시키는 것을 교육의 최종 목표로 삼을 것이다.

우리는 이미 교육목표를 이루는 데 필요한 도구를 가지고 있다. 하지만 우리의 사고방식은 아직 준비되어 있지 않다. 세계의 모든 교육은 '지금은 일단 배우고, 나중에 사회에 진출했을 때 행동으로 옮겨라'라는 이론 중심 사고에 사로잡혀 있다. 지난 수백 년 동안 이런 사고방식이 교육을 완전히 장악하고 있었다.

오늘날의 이론 중심 교육은 지역에 따라 성격과 성공률이 매우 다르지만 세계 곳곳에서 보편적으로 실시되고 있다. 사실 현재 시행되고 있는 유일한 정식 교육 모델이라 할 수 있다. 그래서 현행 교육은 지난 수백 년 동안 학생들에게 요구했던 것과 똑같은 것을 새로운 역량을 갖춘 아이들에게 요구한다. 아이들은 특정 과목의 지식이나 지정된 기량을 습득해야 하고, 학문적 성과를 내야 하고, 좋은 시험 성적을 받거나 제도적 기준을 통과하고(즉, 졸업하고), 광범위한 네트워크의 시대에 살면서도 개별적으로 과제를 수행하거나 개인적인 성취를 이루어야 한다.

MESS

이론 중심 K-12 교육은 보편적으로 핵심 4과목인 수학, 국어, 과학, 사회에 기반을 둔다. 영어권에서는 핵심 4과목을 두고 수학(Math), 국어(English), 과학(Science), 사회(Social Studies)의 첫 알파벳을 따서 'MESS'라 부른다. '엉망'이라는 뜻의 영어 단어가 되니 참 적절한 표현이지 않은가. 이론 중심 교육은 '먼저 핵심 과목을 공부하면 나중에 사회에서 무엇인가 실현할 수 있다'는 기본전제를 깔고 있다. 교육 취약계층의 아이들에게 교육 기회를 제공하고, 차터스쿨(charter school; 대안학교 성격의 공립학교)처럼 새로운 형태의 학교를 세우고, STEM(과학, 기술, 공학, 수학) 수업을 늘리고, 이른바 21세기형 기량을 닦는 과정을 늘리거나 교육공학적 요소를 더 많이 도입하는 것 등등, 오늘날 교육개혁이라는 이름으로 행해지는 거의 모든 것은 이론 중심 교육이나 핵심 과목 공부를 더 잘하기 위한 것들이다.

점진적으로 개선한다 해도
이론 중심 교육은 더 이상 만족스럽지 않다

개선되었다 하더라도 이론 중심 교육은 오늘 그리고 내일의 아이들이 원하거나 필요로 하는 교육이 아니다. 더는 이 아이들이 살아갈 세상에 적합하지 않다. 나날이 역량이 커지고 있는 요즘 세대의 아이들에게는 그들의 역량을 더욱 강화시켜줄 교육이 필요하다. 아이들 스스로 더 나은 세상을 만들 수 있도록 능력을 길러줄 교육이 필요하다. 아이들도 그런 교육을 원하며 그럴 만한 충분한 자격을 갖고 있다. '지금은 배우고 나중에 사회참여 활동을 한다.'는 이론 중심 교육에서 '지금 사회참여 활동을 하고 그 과정에서 배운다.'는 새로운 교육 모델로 전환해야 할 때다. 아이들에게 진정으로 필요한 교육은 아직 학생의 신분일지라도 지역 사회와 세계를 더 나은 세상으로 만드는 프로젝트를 지속적으로 해낼 수 있게 하는 교육이다. 아이들 스스로 자신이 사는 세상을 개선하는 '더 나은 세상 만들기' 교육이 필요하다.

이제 더 나은 세상 만들기 교육이 세상에 모습을 드러내기 시작했다.

아이들에게 그리고 우리에게 더 좋은,
더 나은 세상을 만드는 교육

역량을 갖춘 미래형 청소년들은 나중에 사용할 목적으로 정해진 지식이나 기량을 배우는 것이 아니라, 어떤 식이든 도전 가능한 방식으로 자신의 열정과 기량을 십분 발휘하고 활용해서 실제로 세상을 긍정적으로 변화시키고 그 과정에서 배울 수 있어야 한다. 그것이 우리가 바라는 것이다. 어른이 된 나중이 아니라 바로 지금 학교를 다니는 동안 더 나은 세상을 만드는 일에 동참하라고 아이들에게 요구하고, 성공적으로 해낼 수 있도록 가르쳐야 한다. 아이들은 지금 보편적으로 시행되고 있는 핵심 4과목 중심의 좁은 교육과정이 아니라 학생 자신의 열정에 기반을 둔 폭넓은 교육과정을 끝마칠 것이다.

개인 환경뿐만 아니라 지역 사회와 지구촌 사회를 더 나은 곳으로 바꾸는 일은 새롭게 강화된 역량과 네트워크를 갖춘 오늘의 청소년 세대가 원하는 일이며, 할 수 있는 일이다. 또 세상이 요구하는 일이기도 하다. 책의 앞부분에서 했던 것처럼 어떤 나라에서 미래 교육은 오직 국가 발전을 위한 것이고, 그 목적을 위해 학생들의 능력을 다양한 방식으로 이용하고, 그 과정에서 학생 자신의 발전을 추구할 것이라고 공표했다고 가정해보자. 그 나라는 얼마나 살기 좋은 곳으로 바뀌게 될까?

세상 어디에도 교육의 일환으로 아이들을 사회 개선 활동에 공식적으로 참여시키는 학교는 아직 없다. 그러나 앞으로는 달라질 것이고, 달라져야 한다. 청소년의 사회참여는 청소년 본인들이 원하는 것이고, 세상이 요구하는 것이고, K-12 교육이 추구해야 할 방향이다. 아이들에게는 더 나은 세상을 만드는 교육이 필요하고, 마땅히 그런 교육을 받을 가치가 있다.

세상을 배우는 도제 교육

더 나은 세상 만들기 교육은 어떤 의미에서는 이론 중심 교육이 학교를 지배하기 이전 수천 년 동안 시행했던 두 가지 교육 모델을 세 번째 천 년의 시대에 알맞게 결합시킨 형태이다. 더 나은 세상 만들기 교육 모델에서 학생들은 21세기적 의미로 '세상을 배우는 견습생'이다. 즉, 자신이 가진 새로운 역량과 네트워크를 활용해 졸업하기 이전부터 능숙하게 과제를 해낼 수 있는 인재로 성장시키는 교육이다.

청소년들의 사회참여를 가능하게 하는 것은 단순한 열정 그 자체라기보다 실제로 발현된 열정이다. 실질적인 사회참여를 기반으로 한 새 교육과정에서 아이들은 어떤 열정이든 자신의 열정을 발휘해 세상 문제를 해결하고, 자신이 원하고 사회가 기대하는 인간상에 근접하게 된다. 다시 말해 자신의 관심 분야 안에서 더 나은 세상을 만들 수 있는 유능하고 선량한 시민이 될 수 있다.

새 교육은 아이들이 관심 분야를 찾아내고 자기가 지닌 고유의 열정과 능력을 이해하도록 돕고, 인간으로서 잠재력을 최대로 펼칠 수 있도록 아이들의 관심, 능력, 열정에 알맞은 사회참여 프로젝트를 연결시켜주기 위해 설계되었다.

더 나은 세상을 만드는 역량 중심 교육 모델은 내일의 아이들과 우리 모두에게 더 없이 좋은 교육이다. 아이들은 지식과 기량을 습득할 뿐만 아니라 독립성, 발현된 열정, 강한 성취감, 미래 사회의 일원이 되는 법에 대한 깊은 이해를 얻게 될 것이다. 더욱이 새 교육은 묵혀 있었던 아이들의 거대한 잠재력을 발현시켜서 지역 사회와 지구촌을 더 나은 곳으로 만들 수 있으므로 우리 모두에게 이롭다.

과거에는 결코 실현 가능하지 않았던 교육

아이들이 더 나은 세상을 만들 수 있도록 역량을 강화시켜주는 사회 참여 프로젝트 기반의 K-12 교육은 과거에는 실현이 불가능했다. 과거에는 아이들이 너무 무력하고 혼자 고립되어 있었다. 그러나 역량 있는 아이들이 네트워크로 연결돼 확장된 마음을 형성하는 새로운 시대에는 아이들이 실제로 사회 문제를 해결할 수 있도록 역량을 키워주는 것이 우리 교육이 나아가야 할 최선의 길이자 유일한 방향일 것이다. '지금 배우고 나중에 행동하라.'고 강조하는 기존 이론 중심 교육 모델은 사라지고 있고, 새로운 K-12 교육 모델이 태동하고 있다.

　더 나은 세상 만들기 교육을 아직까지 본격적으로 시행하는 곳은 없지만 점차 그런 날이 다가오고 있다. 세계 곳곳 여러 지역에서 초등교육부터 고등교육에 이르기까지 모든 교육 현장에서 새 교육의 구성 요소들이 나타나고 있다. 더 나은 세상 만들기를 교육목표로 삼는 교육구와 교육 프로그램들이 등장하고, 의과대학이나 경영대학원 같은 전문대학원뿐 아니라 대학교, 직장 그리고 최근에는 초·중등 사립, 공립학교에서도 사회참여 프로젝트를 교육의 한 형태로 실행하고 있다. 새로운 교육과정이 등장해서 사회적, 정서적 학습 같이 이전에는 제공하지 않았던 교육 요소를 제공하고 있다. 교사들의 역할은 지식 전달자에서 프로젝트 코치로 바뀌고 있고, 기술을 사용해 새롭고 강력한 일을 해내고 있다. 뿐만 아니라 아이들에게 '변화를 주도하는 사람'이 되라고 장려하는 아쇼카Ashoka[17] 같은 학교 밖 기관들이 하나 둘 등장하고 있다. 점점 많은 아이들이 세상을 바꾸고 싶다고 말하고, 실제로 밖으로 나가 세상을 바꾸고 있다. 아이들은 대단한 일은 아닐지라도 인터넷 창시자 빈트 서프Vint Cerf의 말처럼 "매일 몇 사람이 되었든 다른 사람을 위해 세상을 바꾸는 일"을 하고 있다.[18]

K-12 교육계는 이제 이론 중심 체제에서 벗어나 더 나은 세상 만들기를 실제로 실현하는 시대로 들어섰다. 당분간 두 교육 방침이 병행되겠지만 이론 중심 교육은 과거의 유물이고, 더 나은 세상 만들기가 미래의 교육이다. 우리 모두 알고 있듯이 미래는 점점 빠른 속도로 다가오고 있다.

새로운 목표, 새로운 수단, 새로운 지원

오늘의 이론 중심 교육과 내일의 더 나은 세상 만들기 교육의 가장 큰 차이는 다음과 같이 요약할 수 있다.

- **새로운 목표:** 이론 중심 교육의 목표는 일반적으로 등급, 점수, 순위로 표현되는 학생 개인의 성취에 있다. 내일의 '더 나은 세상 만들기' 교육 목표는 세상을 더 나은 곳으로 바꾸고, 그 과정을 통해 아이들이 세상을 바꾸는 유능하고 선량한 사람이 되게 하는 것이다.
- **새로운 수단:** 이론 중심 교육에서는 지정된 교과목들이 교육 수단이 되는데, 학생들은 정해진 순서에 따라 성공적으로 교과과정을 밟는

다. 더 나은 세상 만들기 교육에서는 지역적 또는 국제적 차원에서 실제로 진행되는 프로젝트가 교육 수단이다. 팀을 이뤄 프로젝트를 진행하는데, 학생 각자의 열정을 발휘하고 효과적으로 목표를 실현할 수 있는 전체적인 능력을 신장시키는 방식으로 이뤄진다. 세상에는 문제와 기회가 매우 많기 때문에 이런 프로젝트의 공급이 부족할 리 없다. 벌써 '문제 탐색'을 교육과정에 추가하고 있는 학교들도 생기고 있다.

- **더 폭넓고 새로운 지원 교육과정**: 이론 중심 교육은 신중하게 계획된 교과목들로 구성되어 있다. 대체로 핵심 과목(국어, 수학, 사회, 과학) 중심이며, 나중에 사용할 목적으로 지금 흡수해야 할 지식과 기량을 정해진 순서에 따라 제공한다. 더 나은 세상 만들기 교육과정은 거의 대부분 기술에 기반을 둔 훨씬 폭넓은 교육과정으로서 '필요한 곳에 지원을 해주는' 역할을 한다. 이 책의 9장에 기술되어 있듯이(표 9.1) 모든 사람이 갖춰야 할 효과적인 사고력, 효과적인 행동력, 효과적인 대인관계 능력과 이 세 가지 능력에 기초한 효과적인 사회참여 능력 각각의 하위 구성요소들이 새 교육과정을 형성한다. 이런 능력들은 정해진 순서에 따라 습득되는 것이 아니라 프로젝트를 수행하는 과정에서 필요에 따라 또래 친구나 교사, 선별된 응용 프로그램, 인터넷 등에서 얻는다.

- **교사의 새로운 역할**: 이론 중심 K-12 교육에서 교사의 주된 역할은 '내용 전달자(content deliverer)'이다. 더 나은 세상 만들기 교육에서 교사는 '역량 강화자(empowerer)'이자 코치이다. 학생들이 개인적

열정과 흥미를 더 능숙하게 발휘해 실질적인 사회참여 프로젝트를 효과적으로 완수할 수 있게 돕고, 그 과정을 통해 핵심 기량인 효과적인 사고력, 행동력, 대인관계 능력을 키울 수 있도록 안내하는 일을 한다.

사회참여 프로젝트

더 나은 세상 만들기 교육의 중요한 요소 중 하나는 실제 사회에 존재하는 문제를 찾아내고, 교사의 지도와 안내를 받으면서 문제를 해결하도록 학생 프로젝트 팀을 구성하는 것이다. 간단한 것부터 고차원적인 것까지 매우 다양한 분야에 대한 프로젝트가 골고루 지속적으로 제공되어야 한다. 적당한 과제를 찾아내어 학생 팀과 연계시키는 일이 전에는 매우 어렵거나 불가능했을지 모르지만, 이제는 현대 기술의 도움으로 점점 쉬워지고 있다. 나는 이미 데이터베이스 구축 작업을 착수했고 아마 다른 곳에서도 진행되고 있을 것이다. 머지않아 정치, 환경, 기술, 동료지원, 역사보존 등 다양한 분야에서 이루어진 사회참여 프로젝트를 범세계적인 데이터베이스를 통해 한눈에 확인할 수 있을 것이다. 개인이나 교사, 기업, 정부기관이 새로운 프로젝트 아이디어를 올릴 수 있는 공간도 생길 것이다. 기업, 정부, 기타 단체에서 학생들이 해결할 문제를 제시하면 학생들의 관심사와 연결시켜주는 메커니즘이 이미 온라인 세계에서는 사용되고 있다. 이베이eBay, 크레이그리스트Craigslist 같은 온라인 시장이나, 몬스터Monster, 커리어빌터 CareerBuilder와 같은 직업소개 사이트, 매치Match, 이하모니eHarmony 같은 중매 사이트들이 대표적인 예다. 사용자들은 원하는 목적에 맞게 용도를 변경해 사용하면 된다. globalempoweredkids.org에서는 최종적으로 어떻게 바뀔지 시범 모형을 볼 수 있다.

세상은 해결해야 할 문제로 가득 차 있다. 우리는 아이들이 문제를 파악하고 처리할 수 있도록 방법론만 개발하면 된다. '프로젝트 기반 학습(PBL, 또는 문제 기반 학습)'과 애플사에서 제공하는 '도전 기반 학습' 방법이 생긴 지 몇 년이 지났고, 이런 교수법에 익숙한 교사들도 점점 늘고 있으므로 우리는 프로젝트 기반 교육의 길을 제대로 따라가고 있다고 말할 수 있을 것이다. 물론 이런 프로젝트를 통해 실제 사회를 개선할 힘이 있는데도 아직도 충분히 활용되고 있지 않아 매우 안타깝다. 오늘날의 프로젝트 기반 접근법들은 대체로 가상으로 만든 문제를 다루지만 PBL과 유사 학습 방법의 개발 덕분에 한결 수월하게 실제 사회 문제로 전환하는 중요한 발걸음을 옮길 수 있게 되었다.

데이터베이스와 방법론이 마련되었다면 다음 단계는 학생들이 자신의 열정과 장점을 파악할 수 있게 도와주는 메커니즘을 구축하고, 학생의 발전을 돕기 위해 알맞은 수준과 범위의 프로젝트와 역할을 학생과 연결시켜주는 전용 추천 엔진을 만드는 것이다. 실제로 이미 개발 단계에 있다.[19]

새 교육의 혜택

아이들이 고등학교를 졸업하고 대학 입학처나 회사의 인사부를 찾는
다고 상상해보자. 요즘처럼 손에는 성적표를 쥐고 머리에는 어떤 것
을 실현하고 싶은지에 대해 막연한 생각만 지닌 채 문을 두드리는 것
이 아니라 자신이 실현한 것을 소개한 이력서를 들고 찾아간다고 해
보자. 유치원부터 고등학교를 졸업할 때까지 수행한 수십 건의 다양
한 프로젝트와 그 속에서 맡았던 다양한 역할들이 포함되어 있을 것
이다. 이력서는 또한 학생에게 가장 적합하고, 열정을 가장 많이 자극
하는 프로젝트와 역할이 어떤 것인지 분명하게 보여줄 것이다. 이것
만으로도 더 나은 세상 만들기 교육으로 전환해야 할 충분한 이유가
될 것이다.

여기에 덧붙여 아이들이 K-12 교육을 받는 동안 실제로 완수하는
수천, 수만 개의 프로젝트가 세상에 얼마나 많은 혜택을 가져올지 생
각해보라. 잠재 가치는 수십억 달러에 달할 것이다.

목표에 이르는 상세한 로드맵 세우기

더 나은 세상 만들기 교육의 전체적인 윤곽이나 구도는 뚜렷해졌지만
세부 사항은 여전히 작업이 필요하고 세계 각지의 다양한 상황에 맞
게 조정되어야 한다. 교육청, 학교, 교사들은 학생들이 네트워크로 서

로 연결되어 있고 세계 또한 하나로 연결되어 있다는 사실을 명심하면서 해당 지역 학생과 지역 사회에 알맞은 사회참여 프로젝트를 어떻게 추진할지 방법을 찾아내야 한다. 그 과정에서 우리는 우리가 가진 네트워크와 아이들이 가진 네트워크를 활용하고 동시에 범세계적인 데이터베이스와 새롭게 등장한 도구들을 활용해 서로에게 도움을 줄 수 있다.

더 나은 세상 만들기 교육으로 나아가는 매 단계마다 우리는 청소년들을 믿고 그 능력을 활용해야 한다. 새로운 시대의 교육은 더 이상 위에서 아래로의 하향식 과정이 아니다. 하향식 절차와 상향식 절차가 강력하게 결합된 과정이어야 한다.

이것을 현실화하기 위해 지금 무엇보다 필요한 것은 교육자, 부모, 정치가를 비롯한 어른들의 사고방식의 변화이다. 이론 중심 교육이 지금의 어른들을 현재 위치로 올려놓기는 했지만 우리 아이들과 미래 사회에는 적합하지 않다는 것을 모두 깨달아야 한다. 이제 새롭고 더 나은 무엇인가를 추구해야 할 때가 되었다. 오로지 이론 중심 교육과정에 충성하거나 이론 중심 교육을 개선하는 데 경제력과 노력을 바치는 사람들은 그 수단이 과학기술이든 21세기형 기량이든 STEM(과학, 기술, 공학, 수학)이나 STEM에 예술을 포함한 STEAM이든 실질적인 사회참여 프로젝트가 아닌 그 무엇은 헛된 일을 하고 있는 것이고, 결국 실패로 끝날 것이다.

교육은 학생과 미래를 지원해야 한다

우리에게는 세상을 바꿀 수 있는 역량을 갖춘 새로운 청소년 세대가 있다. 앞으로 청소년들의 역량을 더욱 강화시키는 교육적 흐름은 단연 지지할 만하다. 이런 흐름을 가속화하면서 대부분의 사람들이 원하는, 특히 아이들이 원하는 긍정적인 방향으로 가든, 아니면 흐름을 막아서서 수명이 다한 시스템을 계속해서 수정하든 선택은 우리 몫이다. 더 나은 세상 만들기 교육의 밑그림은 이미 완성되었다. 세상을 더 나은 곳으로 만든다는 새로운 목표 아래, 실질적인 사회참여 실현이라는 새로운 교육 수단을 통해 효과적인 사고력과 효과적인 행동력, 효과적인 대인관계 능력, 효과적인 사회참여 능력을 지원하는 새로운 교육과정을 도입해야 한다. 아이들은 지금 기량을 닦아서 나중에 사회에 진출했을 때 사용하는 것이 아니라, 사회참여 프로젝트를 실제로 수행하는 경험을 통해 이런 기량을 습득할 것이다. 그리고 교사는 내용 전달자가 아니라 학생들의 역량을 키워주는 역량 강화자라는 새로운 역할을 맡게 될 것이다.

새 교육을 곧바로 모든 학교에 도입하는 것은 불가능할 것이다. 전파되는 속도가 점점 빨라지기는 하겠지만 현장에서의 실행은 점진적으로 일어날 것이다. 현재 이론 중심 교육을 집중적으로 가르치고 있는 학교들은 아이패드 활용 수업, 창의사고력 세미나, 교육계 인사 초청 강연 등 주의를 환기시키는 프로그램들을 추가하고 있지만, 궁극적으로는 학생들을 망치는 교육을 하고 있다. 핀란드의 드림두스쿨

DreamDo Schools이나 미국 앨트스쿨AltSchool, 서밋퍼블릭스쿨Summit Public Schools 처럼 새로운 형태의 학교들은 오전에는 이론 중심 수업을 하고 오후에는 실질적인 사회참여 프로젝트를 실시하는 혼합형 교육 프로그램으로 이미 전환했다. 오랫동안 '봉사활동 프로젝트'를 진행해온 학교들도 프로젝트의 중요성을 더욱 강조하면서 더 많은 체험 프로그램을 교육과정에 추가하고 있다. 이전에 시행되었던 캡스톤capstone 프로젝트는 이제 건축물 위에 얹는 갓돌이 아니라 교육이라는 건축물의 실제 내용이 되고 있다.

먼저 배우고 나중에 실현하는 이론 중심 교육의 시대는 이제 저물고 있다. 행동보다 학습을 강조하는 교육은 과거에는 유용했을지 모르지만 이제는 효력을 상실했다. 더 이상 아이들이 원하고 아이들에게 필요한 교육이 아니다. 어른 아이 할 것 없이 오늘날 많은 사람들이 새로운 것을 추구해야 한다는 데 동의한다. 우리의 목표는 아이들 개인의 관심사, 열정 분야, 장점이 무엇이든 각자 자신의 분야에서 업적을 달성할 수 있는 세계적 수준의 인재가 되도록 돕는 것이다.

이제 세계가 하나 되어 이 목표를 실현해야 할 때다.

7장

아이들이 실현할 수 있는 것

발굴되기만 한다면 아이들의 열정은 말 그대로 무한하다. 인생의 매 시기마다 아이들이 자신의 열정이 무엇인지 찾고 인식할 수 있도록 돕는 것만큼 중요한 교육의 역할도 없다.

기술(Technology)의 교육적 활용에 대한 찬반을 논의할 때마다 우리는 기술이 가져다준 가장 크고 뚜렷한 혜택을 거의 간과한다. 그 혜택은 교육에 기술이 도입됨에 따라 세상이 절실하게 해결을 요구하는 수많은 과제를 아이들이 직접 해결할 수 있게 되었다는 것을 말한다.

현대 기술이 등장하기 이전의 아이들은 일정 나이가 될 때까지 실제로 많은 일을 할 수 없었기 때문에 우리는 지금의 아이들도 그러리라 생각할지도 모른다. 우리가 아동노동 착취를 용납하지 않는 인터넷 이전 시대에 길들여져 있기 때문에 아이들의 능력을 보지 못하는 것일 수도 있다. 아니면 아이들이 아무 일도 하지 못하게 너무 오랫동안 막다보니 아이들에게 어떤 능력이 있는지조차 잊어버렸는지도 모른다.

그러나 이제 많은 것이 바뀌었다. 세계 인구의 절반은 25세 이하 청소년 세대이다. 개인 또는 집단으로서 청소년들이 지닌 능력과 영향력은 나날이 커지고 있으며, 전에 없던 새로운 방식의 네트워크가 형성되고 있다.

오늘의 젊은 세대는 세상을 긍정적으로 바꿀 수 있는 능력을 갖추고 있다. 그런 능력을 자유로이 발휘할 수 있도록 아이들에게 날개를 달아주지 않는다면 인류는 전체 역량의 절반을 계속 낭비하게 될 것이다. 오랫동안 여성의 힘을 낭비했던 것처럼 말이다.

오늘의 청소년들은 기술을 이용해서 지역공동체와 지구촌 전체에 매우 유익한 일을 해낼 수 있을 뿐만 아니라 그 과정에서 우리가 원하는 인재로 성장할 수 있을 것이다. 어떤 분야에서는 어른들이 개입하지 않더라도 직접 사회참여 활동을 주도하고 성장을 일궈낼 것이다. 이미 자발적으로 사회참여 활동을 시작한 아이들이 많다. 기성세대가 억제하지 않고 돕는다면 아이들의 사회참여 과정은 더욱 활성화될 것이다.

과거에는 일에 관해서만큼은 아이들이 어른의 경쟁상대가 될 수 없다고 여겼고, 대부분 맞았다. 아이들은 먼저 배워야 하고 일은 나중에 해야 한다고 생각했고, 반대로 일을 먼저 하는 것은 착취 또는 '낙오'라고 생각해 경멸했다.

이런 생각은 오늘날 어른들이 가지고 있는 대부분의 생각이나 태도와 마찬가지로 인터넷이 등장하기 이전 시대에 생겨난 것이다. 현재 세계 모든 지역의 청소년들은 더욱더 능력 있는 구성원으로 빠르게 변하고 있다. 2014년 타임지 기사를 보면 "밀레니얼 세대(1980년대 초반부터 2000년대 초반까지 출생한 젊은 세대-옮긴이)는 자기 나라의 기성세대보다 다른 나라의 자기 또래와 비슷한 점이 더 많다."

아이들은 새로운 글로벌 세상에서 성장하고 있지만 어른들은 지역 문화 요소들이 사라지고 있는 현실에 안타까워하고 있다. 많은 어른들이 한창 자라나는 청소년 세대, 심지어 자신의 자녀조차 두려워한다. 직접 만나지 않고 화상으로 소통하는 젊은 세대들의 방식을 부정적으로 인식하고 깊은 우려를 표하기도 한다. 안타깝게도 이런 우려는 어른들의 눈을 가려 청소년들에게 잠재된 세상을 이롭게 하는 긍정적인 힘을 보지 못하게 한다.

요즘 같은 디지털 세상에서 청소년들은 어른들과 여러 분야에서 경쟁할 수 있고, 어떤 일은 더 훌륭하게 수행할 수도 있다. 이런 현상은 점차 많은 분야에서 일어나고 있으며, 심지어 요즘 초등학생들은 전문 웹사이트를 제작할 수 있다.

오늘날의 젊은 세대들은 일찍 직업의 세계로 뛰어들고 있으며, 특히 검색 엔진 최적화나 소셜 미디어 전략 같은 새로운 직종에 모여들고 있다. 학교 기숙사의 작은 방에서 시작해 수십억 달러 규모의 회사로 성장시킨 몇몇 유명 인사의 성공 사례를 아주 예외적인 것이라고 생각한다면 큰 오산이다. 단지 그들이 이뤄낸 결과의 규모가 예외적일 뿐이다. 전통적으로 오직 '학습'에 집중해야 하는 시기라고 여겨졌던 청소년기에도 오늘의 아이들은 실제 사회 문제를 충분히 해결할 수 있다.

학업 성적에서 사회참여 실현으로

이제 학교 행정 관리자들은 교육 행정이 제대로 실행되고 있음을 입증하려고 할 때 시험 성적이 아닌 학생 개개인이나 학생 단체가 이룬 사회참여 성과를 증거로 내밀고 있다. 관련 사례는 www.dcsdk12.org/community-relations/job-alike-robotic-students에서 동영상으로 볼 수 있다.

학생들이 성과를 일궈낸 사례는 굉장히 많다. '자원봉사 활동'이나

'임팩트 교육(impact education)'이라 불리기도 하는 학생 사회참여 활동은 보통 학교 밖에서 실행된다. 활동 내용을 제공하는 웹사이트가 많은데, 대표적으로 www.lancaster.unl.edu/4h/serviceideas. shtml과 www.dillerteenawards.org/past-recipients/가 있다.

다음 열 가지 사례는 www.teenlife.com 웹사이트에서 허가를 받고 옮겨온 것이다.

1. 조나단 우즈는 크리스마스 선물 기부 행사인 토이 드라이브가 열릴 때 대개 십대 아이들은 배제된다는 것을 알았다. 열두 살의 조나단 은 십대 아이들도 참여하는 언더더트리재단(Under the Tree Foundation)을 설립했다.

2. 네하 굽타는 아홉 살의 어린 나이에 비영리단체 임파워 오펀스 Empower Orphans를 운영하기 시작했다. 현재 이 봉사단체는 전 세계 25,000명 이상의 어린이들을 도와주고 있다.

3. 열네 살의 조르딘 샤라는 안전하고 친환경적인 의약품 폐기 처리를 위한 WI P2D2를 설립했다.

4. 열 살의 쟈크 서트너는 장애아동에게 스포츠 프로그램을 제공하는 비영리단체 SNAP를 세워 운영하기 시작했다.

5. 섀넌 맥나마라는 열다섯 살에 수천 명의 아프리카 소녀들에게 책과 학용품을 공급하는 비영리자선단체 SHARE를 만들었다.

6. 캘린 콘래드는 초등학교 5학년 때부터 알츠하이머 환자를 위한 뒷 마당 축제를 해마다 열고 있다. 친할머니가 알츠하이머 진단을 받았

을 때 시작한 행사이다.

7. 안락사에 처해질 애완견에게 다시 삶의 기회를 주고 싶었던 열세 살의 클래어 프레이스는 럭키트레일 동물구조단(Lucky Trails Animal Rescue)이라는 단체를 만들었다.

8. 거식증을 앓은 적이 있는 리아나 로젠만과 크리스티나 사프란은 식이장애를 겪고 있는 청소년들의 치료 기금을 마련하기 위해 힐링 프로젝트Project HEAL를 시작했다.

9. 루루 세론은 아이들이 생활의 일부처럼 사회활동을 일상적으로 하도록 돕기 위해 열 살에 레몬AID 전사(LemonAID Warriors)를 설립했다.

10. 지금은 열네 살이 된 케이티 스태그리아노는 굶주리는 사람들을 돕고 기아를 없애기 위해 정원에 과일과 야채를 심기 시작했다. 케이티가 만든 단체인 '케이티의 농작물(Katie's Krops)'은 지금까지 수천 명에게 음식물을 공급해주고 있다.[20]

지금 현재, 학생들이 참여하는 사회 개선 활동들은 대체로 서로 연계되지 않고 독자적으로 학교 교육의 변두리 활동으로서 수행되거나, 4H, 걸스카우트, 보이스카우트 활동처럼 방과 후에 진행되고 있다. 그러나 사회참여 활동은 실제로는 우리 아이들이 시행해야 할 가장 중요한 교육 내용이다. 사회참여 활동을 통해 아이들은 '일을 완수'하는 데 필요한 기량과 그 밖의 많은 것을 배운다. 게다가 학교가 아닌 실제 사회에서 발생한 문제를 해결함으로써 학교 교육에서는 좀처럼 제공하지 않는 진짜 성취감을 얻는다.

우리 아이들이 더 나은 세상을 만들고 미래에 대한 준비를 잘 갖춘 훌륭하고 유능한 시민으로 성장하는 것이 교육 목표라면, 오늘날 거의 모든 학교에서 고수하고 있는 '학습 중심'보다는 '사회참여 실현'이 훨씬 더 적합한 수단이 될 것이다. 현행 교육과정으로는 아이들이 실제 사회 문제를 해결할 수 있도록 준비시킬 수 없을 것이다. 우리 아이들은 많은 경우 현행 교육에 기대는 것보다 자신의 힘으로 미래를 준비하는 것이 더 낫다는 사실을 점차 깨닫고 있다.

'진짜'에 대한 요구

많은 교육자들은 아이들이 아무리 잘 배운다 해도 배우는 것만으로는 훌륭하고 유능한 어른으로 성장할 수 없음을 마침내 깨닫게 되었다. 미국의 공통 핵심 학력기준안처럼 기량 기반 교육으로 전환한 곳도 많아졌고, 문제 기반, 탐구 기반, 프로젝트 기반 학습을 교육과정에 추가하는 곳도 생겼다. 이런 추세는 어떻게 보면 옳은 방향으로 한 걸음 내딛는 것과 같지만 사실 가장 기본적인 사실을 놓치고 있다. 대부분의 시도가 '진짜'가 아니라는 것이다.

학교에서 제시하는 문제나 활동은 거의 대부분 학습과 표준 내용을 최대한 포함하도록 설계된 '인공적인' 것이다. 어떤 것도 세상에 도움이 되는 일을 실현하기 위해 설계되지는 않았다. 우리에게 필요한 것

은 조금이라도 세상을 바꾸거나 실제로 더 나은 곳으로 만드는 교육
이다. 이것이 '더 나은 세상 만들기 사회참여 기반 교육'이다.

세계를 다니며 내가 만나본 학생들은 이와 같은 실질적인 사회 참
여 교육을 간절히 바라고 있었다. 대부분의 시간을 인터넷과 게임, 소
셜 미디어를 접하며 자란 아이들은 기성세대보다 협동심과 경쟁력이
월등히 뛰어나다. 아이들은 자신의 능력과 영향력을 잘 알고 있으며,
그런 능력을 발휘할 기회가 주어지지 않는 현실에 실망하고 있다. 자
신이 관심을 가지거나 열정을 느끼는 과제에 집중할 때 아이들은 정
말 어마어마한 열정과 에너지와 지성을 발휘할 수 있다.

실질적인 사회참여 기반 교육은 완전히 새로운 개념은 아니다. 이
미 세계 곳곳에는 진짜 사회 문제에 많은 에너지를 쏟는 학생들이 있
다. 교육전문가 조 웨일은 이런 사람들을 가리키는 '솔루셔내리
Solutionary'라는 신조어를 만들었다.

그러나 문제는 이런 종류의 활동이 대체로 체계 없이 세계 여기저
기에서 산발적으로 이뤄지고 있고, 교사나 교육행정가, 학교에 따라
내용이 달라지거나 제한될 수 있다는 것이다. 따라서 모든 학생들이
참여할 수 있도록 사회참여 활동에 대한 체계화 작업이 필요한데, 우
리가 도울 수 있다. 예를 들어보자.

- 우리는 여러 지역의 형편없는 네트워크 인프라와 연결 상태에 대해
  불만을 제기할 수 있다. 아이들은 인터넷에서 자세한 설명을 찾아
  볼 수 있으므로 충분히 이 문제를 해결할 수 있다.

- 우리는 학생들의 창의성과 열정이 만들어낸 경이로운 결과를 보여주는 과학경진대회, 로봇경진대회, 기타 다양한 경진대회를 개최할수 있다. 그러나 참가팀들은 대개 공을 던져 후프 통과하기를 겨루거나 학교에서 배운 내용을 시범으로 보이는 것에 머무는 경우가 너무 많다. 왜 우물을 파거나, 쓰레기 폐기장을 청소하거나, 화재를 진압하거나 아니면 다른 유용한 일을 하는 것을 두고 경합을 벌일 수는 없을까?

- 깨끗한 식수가 부족한 오지 마을처럼 공공시설이 없는 지역이나, 있더라도 미국 어디에서나 흔히 볼 수 있듯이 시설이 낙후된 지역에서는 학생들이 시설을 설계하고, 기획하고, 기금을 마련하고, 심지어 수리하거나 새로 건설하는 사업에 참여할 수 있을 것이다. 필요한 단계와 절차를 준비하는 것은 그렇게 복잡한 일이 아니다. 어른들은 주로 아이들이 법을 어기거나 다치지 않도록 도와주기만 하면 된다.

그렇다면 이런 종류의 실질적인 사회참여 실현은 왜 교육 내용이 될수 없을까? 시작 단계로서 학교를 다니면서 교육활동의 일환으로 수행한 실제 사회 프로젝트 사례를 모아 데이터베이스를 구축하는 것은 얼마나 어려운 작업일까? 학교와 교실에서 사회참여 프로젝트 기반교육을 설계할 때 그런 사례를 기반으로 한다면 얼마나 간단할까? 지역마다 요구되는 문제를 수집하고 학생들에게 그중에서 관심 있는 것을 선택하라고 한다면 복잡할까? 교육은 언제까지 실질적 사회참여가 아닌 사회참여를 위한 계획된 준비 과정에 머물러야 할까?

아이들이 어른의 일을 맡는 문제이든, 일한 대가에 관련된 문제이든, 아니면 다른 문제이든 간에 우리는 끝까지 문제를 다루고 해결할 수 있으며, 또 그렇게 해야 한다. 만약 우리가 아이들과 협력해서 문제를 해결하려 하지 않는다면 아이들은 우리를 건너뛰고 직접 나서려고 할 것이다.

우리는 실질적인 사회참여 기반 교육을 할 수 있고, 또 해야만 한다. 그리고 이는 곧 현실이 될 것이다.

아이들이 실현할 수 있는 것:
열정 발휘, 실질적인 사회참여 프로젝트, 부가가치 창출

원하는 것을 마음껏 할 수 있는 여건이 주어진다면 아이들은 얼마나 많은 것을 성취할 수 있을까? 아이들이 세상에 더하는 부가가치는 얼마나 될까? 질문의 답은 아이들이 얼마나 많은 열정을 가지고 있는지와 어른의 도움을 받아 열정을 어떻게 발휘할 수 있는지 두 변수에 의해 결정된다.

열정의 중요성과 열정을 발굴해야 하는 이유

발굴되기만 한다면 아이들의 열정은 말 그대로 무한하다. 인생의 매

시기마다 아이들이 자신의 열정이 무엇인지 찾고 인식할 수 있도록 돕는 것만큼 중요한 교육의 역할도 없다. 아이들이 K-12 교육을 다 마치기 전에 자신이 어떤 분야에 대한 열정을 가지고 있는지 알 수 있게 돕기만 해도 지금보다 훨씬 나은 교육이 될 것이다. 원하는 것이 무엇인지 알고 시작하는 아이들은 고등교육 과정에서도 놀라울 정도로 훌륭한 성과를 보이고 있다.

아이의 흥미에서 비롯된 열정도 인생의 성공 여부를 결정짓는 중요한 요인이다. 특히 인내심과 자기계발 등 다른 요인과 결합되면 효과는 더욱 강력해진다. 최근 들어 교육계에서도 학생들 열정에 많은 관심을 기울이고 있고, 학생들이 자신의 열정 분야를 발굴할 수 있도록 돕는 일에 대한 교육계의 관심도 커지고 있다. '열정 기반 교육'(또는 열정 기반 학습)이라는 말이 많은 사람들의 입에 오르내리고, 글에도 많이 등장하는 것을 보면 알 수 있다.[21]

열정 발굴이 진정으로 아이를 위한 교육에 중요한 까닭은 열정은 아이들의 능력이나 교육 방향을 두고 이러쿵저러쿵하는 말에 휘둘리지 않고 그 자체만으로도 동기가 되기 때문이다. 자신이 무엇에 열정을 느끼는지 파악하려면 깊이 파고들어야 하는 경우도 있지만, 대부분 사람마다 열정 분야 하나씩은 가지고 있다.

'학생의 열정'은 여간해서는 학교 교육과정의 틀 안에 가둘 수 없다는 점에 주목하자. 대부분의 교육자들은 모든 학생이 국어·수학·사회·과학 핵심 과목과 현행 교육과정에 포함된 다른 과목을 열심히 공부하기를 바라겠지만, 현실은 그렇지 않다. 학생들에게 정말로 필요하고 학생들도 원하는 것은 어떤 분야이든 자신의 열정을 찾아내어 세상을 개선하는 가치 있는 일에 그 열정을 발휘하는 것이다.

열정 발휘

열정은 중요하다. 하지만 아예 발휘되지 않거나 오랜 세월에 걸쳐 발명된 여러 도구를 이용해 조심스럽게 발휘되는데, 그런 열정은 쉽게 허비된다. 그야말로 교육이 담당해야 할 중요한 역할은 아이들이 열정(흥미를 일으키는 것)을 찾도록 돕고 그 열정을 실질적이고 유용한 일에 효과적으로 발휘하도록 돕는 것이다.

우리는 공동체 일원으로서든 교육자로서든 아이들 스스로 열정과 장점을 찾고 그것을 적용할 수 있게 돕는 일을 유난히 못하고, 자신의 열정과 흥미를 찾은 아이들을 다양한 사회참여 활동과 연결해주는 일은 더 못한다.

하지만 우리에게는 그만한 능력이 있고, 그 능력을 성공적으로 발휘해야 한다. 나는 줄곧 교사가 학생을 위해 할 수 있는 가장 도움이 되는 일은 교실을 돌아다니며 학생 개개인에게 어떤 것에 열정이 있는지 묻는 것이라 생각해왔다. 그러나 정말 중요한 것은 아이들의 대답을 잘 기록해두는 것이다. 그것은 나중에 그 학생이 어떻게 하면 열정을 잘 발휘할 수 있을지, 수집한 정보를 어떻게 교육에 활용할지를 생각할 때 유용하게 활용될 것이다.

아이들이 모른다면?

교사들은 종종 "하지만 많은 아이들이 자신의 열정 분야가 무엇인지 모른다."라고 말한다. 교사들을 포함해 어른들은 "어떤 일에 열정을 가지고 있니?"라는 질문에 아이가 모르겠다는 듯이 어깨를 으쓱하면 아이의 가슴 깊은 곳에도 열정이 전혀 없다고 결론내리는 실수를 흔히 저지른다. 나는 모든 아이들이 열정을 느끼는 관심사가 저마다 하나씩은 있다고 믿는다. 그것은 인간의 본성이다. 아이들 개개인의 열정이 무엇인지 자세히 살피고 아이 스스로 발견할 수 있도록 돕는 것이 우리가 해야 할 과제이다. 많은 교사와 부모들이 이 과제를 완수할 시간이나 능력이 없다고 생각할지도 모르겠다. 하지만 아이들을 위해서 반드시 해야 할 일이다.

교사들에게 학생들의 열정에 대해 물으면 어떤 교사들은 "우리 반 학생들은 하나같이 유명 가수나 스포츠 스타가 되기를 원해요."라고 대답한다. 이것은 소원이나 바람을 열정으로 혼동해서 생기는 반응이다. 교육에서 말하는 열정은 '아이들이 자신의 의지대로 열심히 몰입할 수 있는 어떤 것에 대한 강렬한 흥미'를 말한다. 진짜 스타가 되는 아이가 있기는 하겠지만, 아이들에게 되고 싶은 것과 열정을 가지고 하고 싶은 것은 다르다고 이해시켜야 한다. 만약 아이가 정말로 음악이나 스포츠에 열정을 가지고 있고 그 세계에서 일하고 싶어 한다면 아이가 가진 장점에 따라 연주자, 매니저, 코치, 홍보 담당자 등 매우 다양한 선택을 할 수 있다. 예를 들면 프로 농구팀에는 300명 이상의 직원이 있고, 그중에 단지 12퍼센트만 실제 농구선수이다. 아이의 열정이 사실은 돈을 버는 데 있다면 사업가가 되거나 전문직을 선택하도록 이끌 수 있을 것이다.

열정이 무엇인지 물으면 많은 아이들은 그저 "몰라요."라고 대답한다. 그런 질문을 받았을 때 자신의 대답이 학교 공부로 연결될 것이라 생각하기 때문이다. 안타깝게도 우리 어른들이 그런 분위기를 많이 조장하고 있다. "어떤 것에 흥미가 있니?"라는 본질적인 질문 대신에 "좋아하는 과목이 뭐니?"라는 질문을 너무 자주 한다. 마치 다른 선택은 없는 것처럼 말이다. 학교에서 가르치는 학과 내용에 강한 열정을 갖는 아이들도 있겠지만 분명 대다수의 아이들은 그렇지 않을 것이다.

학생들의 열정 부족을 이른바 '노출' 부족 탓이라고 생각한다면 이것 역시 오산이다. 다양한 분야를 더 많이 보고 그 분야에 대해 더 많이 배운다면 아이들의 열정이 확장되거나 바뀔 수도 있지만, 그렇다고 특정 분야에 열정을 느끼게 될 가능성이 달라지는 것은 아니다. 지금까지 만난 아이들을 보면서 나는 모든 아이들이 열정과 그 열정을 발휘하려는 욕구를 가지고 있고, 또는 앞으로 가지게 되리라 확신할 수 있었다. 자신의 열정 분야가 무엇인지 어릴 때부터 분명하게 알고 있는 사람도 있고, 나중에야 알게 되는 사람도 있지만 분명한 것은 인생을 살면서 열정이 여러 차례 바뀐다는 것이다. 그러나 자신의 열정을 아는 것은 매우 중요하므로 아이들 모두 자신의 열정 분야를 찾으려고 노력해야 하고, 교육하는 사람들도 아이들을 돕는 데 많은 노력을 기울여야 한다.

아이들이 열정을 발굴할 수 있도록 돕기 위해 나는 항상 다음과 같은 질문을 먼저 한다.

- 혼자 있을 때 어떤 일을 하며 시간 보내기를 좋아하니? 이유는?
- 유튜브에서 딱 한 가지만 정기구독할 수 있다면 무엇을 선택하겠니? 이유는?
- 신경을 많이 쓰는 일이나 관심 있는 사람이 있니? 이유는?
- 주변 환경에서 느낀 구체적인 문제가 있니? 어떤 것이지?
- 힘이 있다면 네가 사는 지역이나 네 삶의 어떤 부분을 고치거나 바꾸고 싶니? 방법은?

열정 탐색자와 진화하는 열정

언제 물어봐도 자신의 열정이 무엇인지 확실히 대답하지 못하는 아이들이 있다. 나는 이런 아이들을 가리켜 '열정 탐색자'라 부른다. 열정 탐색자라 불리는 사람은 어른이든 아이든 자신의 내면에 스스로 탐색해야 할 무엇인가가 있음을 더 쉽게 이해하게 될 것이다.

한 사람이 하나 이상의 열정을 갖는 것은 가능하지만, 평생 같은 일에 지속적인 열정을 갖는 경우는 흔하지 않다. 열정은 경험과 어우러져 진화하고 바뀐다. 아이들은 지금 가지고 있는 관심사를 평생 고수하지 않아도 된다. 새로운 경험을 하면 그로 인해 새로운 열정이 내면에서 자라난다. 우리는 아이들이 새로 생기는 열정을 탐색하고 인식하도록 격려해야 한다. 아이가 어릴 때부터 어떤 것에 대한 열정이 있다면 그것은 아이가 정말로 하고 싶은 일일 것이다.

열정을 느끼는 일을 배운다면 얼마나 멋질까

아이들은 대체로 자신이 열정을 느끼는 분야를 더 깊이 배우는 것을 재미있어 한다. 무엇에 열정을 느끼는지 알기만 하면 학생이나 교사가 큰 노력을 들이지 않더라도 학습이 이루어질 수 있다. 아이들 스스로 기쁘게 할 수 있는 일이기 때문이다. 어른의 역할은 격려하고 안내하는 것이 전부다. 열정 분야를 깊이 공부할 수 있게 격려하는 방법 중 하나는 '열정 일지'를 쓰게 하는 것이다. 형식은 아무래도 좋다. 일기장처럼 공책에 적거나, 많은 아이들이 들고 다니는 스마트폰으로 찍거나 보이스-텍스트 전환 앱을 이용해 디지털 자료로 보관해도 좋다. 핀터레스트Pinterest 같은 앱을 이용할 수도 있고, 자신이 배운 것을 다른 사람과 공유할 수 있게 동영상을 만들어 유튜브에 올려도 좋다.

중요한 것은 그 열정을 사회참여 프로젝트에 발휘하는 것이다

아이들은 자신이 열정을 느끼는 분야에 대해 배울 때 그것이 끝이 아니라 시작이라는 점을 명심해야 한다. 아이 어른 모두 영구적인 것이든 일시적인 것이든 자신의 열정을 인식하고 아는 것이 중요한 과정의 시작임을 이해하는 것이 중요하다. 자신의 열정이 무엇인지 파악하고 나면 그다음 단계는 그것을 발휘하는 것이다. 열정을 실제로 발휘하는 것이 매우 중요하기 때문이다.

모든 아이들은 실질적인 사회참여 활동을 통해 자신의 열정을 발휘하는 방법을 찾아야 하고, 우리는 아이들이 찾을 수 있도록 도와야 한다. 단순히 '체험 학습(learning by doing)'이 아니라 그것을 훨씬 뛰어넘는 활동을 말한다. 일반적으로 아이들은 자신뿐만 아니라 다른 사람에게도 가치 있는 일을 해냈을 때 더욱 강한 자극을 받고 더 많은 자신감을 얻는다. 그러므로 우리는 아이들이 더 나은 세상을 만드는 데 열정을 쏟을 수 있게 하는 사회참여 프로젝트를 찾아 완수할 수 있도록 도와야 한다.

열정 분야가 국어, 수학, 사회, 과학 핵심 4과목과 일치하거나 관련되어 있지 않으면 일반적으로 이론 중심 교육에서는 열정을 사용할 수가 없다. 핵심 과목과의 일치 여부를 떠나 실질적인 것을 통해 열정을 발현하기란 여간 어려운 것이 아니다. 사실, 이론 중심 교육에서 열정을 발휘할 수 있는 장소는 정규 교육이 이뤄지는 교실이 아닌 방과 후 활동이 이뤄지는 교실 밖이다. 게다가 거의 대부분의 활동이 핵심 과목만큼 가치를 인정받지 못한다. 예를 들어, 과학에 대한 열정을 가지고 있다면 과학 축전에 참가할 수 있고, 스포츠나 체스에 열정을 가지고 있다면 대부분 학교마다 하나씩 있는 팀에 들어가 활동할 수 있다. 그러나 희귀 동전 수집이나 보드 타기 등 특이한 활동이나 기타 과목과 관련된 경우에는 학교로부터 지원을 받기 어렵다. 만약 어떤 지원이라도 받으려면 관심 있는 학생들이 충분히 많아야 하고, 어떻게 해서든 방과 후 활동으로 넣어줄 든든한 후원자가 필요하다.

상황이 이렇다보니 점점 많은 아이들이 자신의 열정 분야에 대해 더 배우고 열정을 발휘하기 위해 어쩔 수 없이 학교 밖으로 시선을 돌려 다양한 교외 프로그램을 신청하거나 인터넷을 찾는다. 인터넷은 특히 잘 알려지지 않은 분야에 관심을 가진 여기저기 흩어져 있는 사람들을 모으기에 최적의 공간이다. 걸스카우트, 보이스카우드, 4H 등 오랜 전통을 자랑하는 세계적인 사회봉사단체도 좋은 프로그램을 제공한다. 최근에 설립된 사회단체인 LRNG[22]는 아이들이 방과 후에 도서관 같은 장소에서 시간을 보내면서 열정을 보다 쉽게 발휘할 수 있도록 돕고 있다.

너무 늦은 열정 발휘 시기

현행 이론 중심 교육에서 학습과 응용의 순서는 분명하다. 즉 먼저 배우고 나중에 응용하는 것이다. 특히 실제 사회 문제에 대한 응용은 대체로 시험을 통과해 준비가 되었음이 입증된 이후에야 일어난다. 최근 성장하고 있는 프로젝트 기반 교육 운동도 아직까지는 실질적인 사회참여 활동을 많이 포함하고 있지 않다. 이론 중심 교육 프로그램들은 사회참여 활동을 포함하더라도 일반적으로 교육과정의 마지막 단계에 캡스톤이나 공연, 봉사활동 형식으로 배정하고 있다.

K-12 교육은 본질적으로 표준화된 MESS 기반 교육과정을 따른다. MESS 과목이나 인기 있는 운동 종목에 기반을 두지 않은 열정은 고작해야 부수적인 것으로 여겨지며, 때론 없어도 되는 것으로 무시된다. 좋아하지 않는 일을 직업으로 하는 어른들이 직무와 상관없는 취미 활동에 열정을 쏟듯이 아이들도 학교를 벗어난 다른 곳에 열정을 쏟는다.

다른 선택

다른 선택도 가능하다. 이를테면 한 해 교육과정이 모두 프로젝트로 구성되어 있고, 아이들은 학급이나 소그룹, 대단위 그룹, 기술 지원을 받는 팀에 소속되어 지속적으로 프로젝트를 수행한다고 가정하면 어떨까. 그리고 우리는 학생들이 스스로 열정을 발견하고, 다양한 역할을 맡으면서 그 열정을 사회 개선 프로젝트에 발휘할 수 있도록 돕는 방법을 알고 있고, 학생 개인을 긍정적인 방향으로 발전시킬 수 있으리라고 생각되는 역할이나 프로젝트를 아이들 스스로 찾을 수 있게 돕는 방법도 알고 있다고 가정해보자. 사회참여 프로젝트를 수행할 때 학생 개인이나 팀이 효과적인 사고력, 효과적인 행동력, 효과적인 대인관계 능력을 단순히 배우기만 하는 것이 아니라 실제로 사용하게 하는 확실한 방법이 있다고 가정해보자. 그런 방법들은 아이들이 유용한 일에 열정을 발휘하도록 하는 데 도움이 될 것이다.

이런 가정이 실제로 널리 일어나려면 우리는 다음 세 가지 요구를 해결해야 한다.

1. 아이들이 실제로 사회참여 프로젝트를 수행하고 활동 내용을 평가할 수 있는 시스템이 있어야 한다.
2. 프로젝트의 대상, 범위, 목적이 무엇인지 확실히 이해하고 공유해야 한다.
3. 학생이 열정을 가지고 수행할 수 있는 적절한 프로젝트를 찾아 학생과 연결시켜야 한다.

이 중에서 첫 번째 요구, 즉 아이들이 사회참여 프로젝트를 구성하고 완수하는 것을 돕고 프로젝트에서 일궈낸 성과를 평가하는 과정이 이미 만들어지기 시작했다. PBL 교육운동이나 캡스톤, 경진대회, 과학축전 등의 방법들은 대개 실질적인 사회참여와 거리가 멀지만, 덕분에 우리는 많은 것을 배울 수 있었고 프로젝트 기반 학습에 적합한 교육 모델을 세울 수 있었다. 이제 우리의 당면 과제는 학교에서 실시하는 모든 프로젝트를 실질적인 사회참여 활동으로 바꾸는 것이다. 그 과정에서 우리는 사회참여 실현을 평가하는 것이 학습을 평가하려고 애쓰는 것보다 훨씬 수월하고 더 유용하다는 것을 알게 될 것이다.

7장 아이들이 실현할 수 있는 것 · 93

좋은 프로젝트 발굴과 개발

아이들이 선택하고 수행할 수 있는 유용한 사회참여 프로젝트를 발굴하는 일이 쉬워진다면 두 번째 요구를 해결하는 데 굉장히 큰 도움이 될 것이다. 잠재 프로젝트를 모아놓은 데이터베이스는 우리가 앞으로 크게 한 발 내디딜 수 있게 도와줄 것이다. 새로 구축되는 데이터베이스는 새로운 상황에 응용할 수 있도록 지금까지 세계 곳곳에서 수행하고 완수한 모든 사회참여 프로젝트를 포함하고, 또 학생들이 할 수 있으리라 여겨지는 프로젝트들도 포함해야 할 것이다. 따라서 아이들이 수행할 만한 프로젝트가 있을 때 그것을 데이터베이스에 입력하는 방법도 있어야 할 것이다. 주제 분야, 역할, 연령 적합성, 가능한 선행 기술 및 경험, 기타 조건 등 다각도에서 프로젝트를 검색할 수 있어야 할 것이다. 그런 데이터베이스가 구축되는 것을 내 눈으로 직접 보는 것이 내 간절한 바람이자 목표이다.

사회참여 프로젝트 분류

사회참여 프로젝트를 검색하고 데이터베이스의 기초를 작성하려고 하는 과정에서 나는 프로젝트들을 몇 가지 카테고리로 분류할 수 있었다. 일부분만 나열하면 다음과 같다.

- 지역 사회의 물리적 환경 개선 프로젝트
  - 동네 청소하기
  - 동네 공원이나 정원 만들기
  - 지역 편의 시설 설계하기
- 불우이웃을 돕는 프로젝트
  - 버려진 물건 재활용해서 나눠주기
  - 어르신 말벗하기
  - 불우이웃을 돕는 기술 개발
- 사회 공공시설 건축 및 수리 지원 프로젝트
  - 우물 파기
  - 물탱크 만들기
  - 위생시설 개선하기
  - 와이파이와 인터넷 설치하기
- 또래 친구나 다른 사람을 직접 돕는 프로젝트
  - 튜터링
  - 어르신 말벗하기
- 역사 및 문화유산 보존을 위한 프로젝트
  - 목조선 같은 지역 사회의 옛 유물 복원하기
  - 문서를 디지털 자료로 전환하기
- 정부 기능을 돕는 프로젝트
  - 수질 및 대기오염도 측정하기
  - 필요한 보고서 작성하기

- 새로운 지식, 자료, 정보를 추가하는 프로젝트
  - 시민 과학
  - 발명과 혁신
- 공공 서비스 향상을 위한 프로젝트
  - 공공 서비스 평가 및 공무원 평가

여기에 나열된 카테고리는 학생들이 수행할 수 있는 프로젝트를 모두 포함하고 있지는 않지만 몇몇 예를 살펴보는 것만으로도 사회개선 프로젝트를 추가로 더 생각해내거나 찾아내는 데 도움이 될 것이다. 학생들은 교사와 협력해 더 다양하고 더 많은 프로젝트를 생각해내야 할 것이다. 위에 나열한 카테고리에 속한 예를 보고 싶다면 www.globalempowerdkids.org를 방문하면 된다.

학생-프로젝트 연결 프로그램

세 번째 요구를 해결하려면, 즉 아이들의 열정도 발휘하고 능력도 신장시킬 수 있는 프로젝트를 찾아 아이와 연결시켜주는 방법을 찾으려면 훨씬 더 많은 노력이 필요하다. 하지만 투자한 만큼 큰 혜택을 볼 수 있는 영역이기도 하다. 오늘날 사람들은 대개 아이들과 교사의 판단에 의존하거나 상담사의 판단에 의존해 이 과제를 해결하려 한다. 그러나 사람의 판단에 의존해서는 아이들의 열정 분야가 무엇인지,

특정 시간에 가능한 프로젝트는 어떤 것이 있는지에 대해 충분한 정보를 얻을 수 없다. 그러므로 앞서 말한 데이터베이스 외에도 아이들이 자신의 열정을 발굴하도록 돕고 그 열정에 맞는 프로젝트를 데이터베이스에서 찾아 연결해주는 기술 기반 시스템이나 다른 방법이 있으면 정말로 유용할 것이다. 이미 아마존이나 다른 기관에서 '추천 엔진' 소프트웨어를 통해 고객과 상품을 연결하는 방법을 사용하고 있으므로 교육용으로 사용할 수 있는 비슷한 소프트웨어를 개발해 학생-프로젝트 연결 프로그램을 활용할 수 있으리라 기대하고 있다.

단지 보고서 작성이나 기부 물품을 모으는 문제가 아니다

앞에서 언급했듯이 어떤 것이 사회를 개선하는 실질적인 프로젝트이고 어떤 것은 아닌지 파악하는 것이 매우 중요하다. 더 나은 세상을 만드는 실질적인 사회참여 프로젝트는 학생들이 스스로 선택해 주로 팀 단위로 벌이는 활동으로서, 지역 사회나 국제 사회에 실질적이고 지속적인 변화를 가져오는 사업이나 활동을 의미한다. 아이들이 자기 손으로 가리키며 "제가 우리 팀 친구들과 함께 한 거예요!"라고 외칠 수 있는 변화 말이다.

학생들이 조사를 하거나 보고서를 작성하거나 제안서를 제출하는 것은 사회참여 프로젝트에 해당하지 않는다. 보고서나 제안서가 정식 기관에 제출된다고 해도 마찬가지다. 진짜 사회참여 프로젝트는 행동이나 변화를 일으키는 것이어야 한다. 일리노이 주의 어떤 소녀처럼 주지사에게 편지를 보내 주 전역에서 비닐봉투 사용을 금지하는 법안이 통과되게 한다면 몰라도 정치인에게 편지를 보내는 것만으로는 세상을 바꾸는 사회참여 프로젝트라 할 수 없다.[23]

아이들이 주도하는 특정 목적의 모금 행사들도 더 나은 세상을 만드는 프로젝트의 범주에 속하지 않는다. 당연히 칭찬할 만한 훌륭한 활동이고 아이들도 얻는 것이 있겠지만 모금 활동 자체만으로는 이 책에서 말하는 더 나은 세상을 만드는 진짜 프로젝트가 되지 못한다. 아이들은 누군가 세상을 바꾸는 것을 돕기 위해 모금활동을 벌이는 것이 아니라 자신의 노력으로 직접 세상을 바꿔야 한다.

금전적 대가를 통한 부가가치 인정은 아동노동 버전 2.0인가?

더 나은 세상을 만드는 프로젝트를 통해 학생들이 실질적인 부가가치를 창출했다면 금전적인 대가를 지불해야 마땅할까? 사회참여 프로젝트가 청소년을 착취하는 수단이 아니라 청소년의 교육과 발달에 중요한 요소로서 점점 더 확산됨에 따라, 더 나은 세상 만들기 교육을 지지하는 사람들은 이 물음을 진지하게 고민해볼 필요가 있다. 아이들은 자신이 하는 일이나 다른 사람이 하는 일이 정확히 어떤 가치를 지니는지 학교에서 거의 배우지 못하지만, 사실 중요한 문제이다. 아이들은 자신이 창출하는 부가가치에 대해 어떤 보상을 받아야 할까?

예를 들어, 지방정부가 컨설턴트 회사에 5만 달러를 지불했던 프로젝트를 어떤 학교의 학생 프로젝트 팀이 맡기로 했다면 그만큼의 부가가치는 누구에게 돌아가는 것일까? 일부는 학교로, 일부는 아이들에게 돌아가는 것일까? 일부는 미래에 사용할 용도로 따로 보관되는 것일까? 아니면 이제 지방정부가 교육기관을 통해 더 효율적으로 운영된다는 사실만으로 충분한 것일까? 금전적 가치의 주인이 바뀌지 않더라도 프로젝트에서 귀속가치를 창출할 수 있는 새로운 방법을 찾아낸 것은 정말 중요한 발전이다.

기업들은 이미 학교 밖에서 학령기 아이들을 직접 고용해 웹사이트 제작, 데이터 수집 등 일반 비용이 발생하는 일을 맡기고 있다. 이런 일을 학교에서 시작한다면 어떨까? 아이들이 학교 안이나 인터넷과 같은 학교 밖에서 이윤을 창출하는 회사를 성공적으로 창업한다면 아이들의 지적 재산은 어떻게 보호해야 할까? 학생에게는 '배지'나 '공로상'과 같은 형식으로 보상할 수도 있고, 현실 사회가 어떻게 돌아가는지 이해하기 쉽도록 현실을 모방한 협상 과정을 통해 보상을 할 수도 있다.

보상과 더불어 아이들은 자신만의 방법으로 창출한 금전적, 비금전적 부가가치를 어떻게 극대화하는지 이해해야 한다. 사회에서 어떤 일은 다른 일보다 훨씬 더 많은 대가를 받으며, 동일한 시간의 노동일지라도 그 일이 무엇이고 어디에서 하는지에 따라 가치가 크게 달라질 수 있다. 우리는 아이들이 이런 세상 이치를 일찍 배우기를 바라는가? 아이들은 프로젝트를 통해 최대의 경제적 이익을 낼 수 있도록 열정과 기량을 발휘하는 법을 배워야 할까? 극단적인 경우, 금전적 측면 혹은 다른 측면에서 학생이 창출할 수 있는 가치를 기준으로 학교를 평가해야 할까?

정답은 없다. 그러나 평등과 능력주의를 지향하는 세계적인 분위기와 아이들의 새로운 역량을 고려한다면 교육적으로 중요한 부분을 차지하는 질문들이다.

더 나은 세상을 만드는 사회참여 프로젝트는 학생들이 스스로 선택해 주로 팀 단위로 벌이는 활동으로서, 지역 사회나 국제 사회에 실질적이고 지속적인 변화를 가져오는 사업이나 활동을 의미한다.

8장

성취와 실현

사회참여 프로젝트 기반 교육을 고려할 때 우리는 오직, 또는
주로 자신에게만 이로운 개인적 성취와 다른 사람이나 세상에
이로운 사회적 실현을 구별할 필요가 있다.

| 우리는 많은 시간을 들여 실질적인
사회참여 실현을 고려하고 있지만 학교와 학부모들은 보통 학생 개인
의 성취에 신경을 더 쓴다. '성취'와 '실현'은 같은 것일까?

두 용어를 구별하지 않고 서로 섞어 쓰는 사람도 많다. 높은 성적을
얻은 학생은 '성취'를 한 것이고, 박사 학위를 따거나 특정 프로그램
을 이수하는 것은 '대단한 실현'이라고 말한다. 하지만 어떤 단어를
사용하든 두 단어를 구분 짓는 중요한 차이점이 있기 때문에 더 세밀
하게 구분해서 써야 한다.

사회참여 프로젝트 기반 교육을 고려할 때 우리는 오직, 또는 주로
자신에게만 이로운 개인적 성취(achievement)와 다른 사람이나 세상
에 이로운 사회적 실현(accomplishment)을 구별할 필요가 있다.

예를 들어 에베레스트 산 정상까지 오르는 것은 성취이다. 많은 사
람들의 말처럼 "산이 거기에 있기에" 산을 오르는 것은 등반하는 사람
이외의 어느 누구에게도 이익이 되지 않는다. 게다가 어떤 때는 등산
로를 따라 여기저기 쓰레기를 남기거나, 심지어 동행하던 사람이 목
숨을 잃는 경우도 있다. 경주에서 이기는 것도 대개 우승자 본인에게
만 이로운 개인적 성취에 해당한다.

평균 학점 4.0을 받거나 시험에서 높은 점수를 받거나 특별한 상을
타는 것 모두 교육에서는 성취이다. 학교에서 반장으로 선출되는 것도
성취다. 사실 오늘날 우리가 아이들에게 기대하는 것 대부분이 성취에
속한다. 성취를 하려면 노력이 필요하다. 때로는 엄청난 노력이 필요
하다. 그런 노력이 긍정적인 것이라면 마땅히 칭찬해줘야 한다. 학생

과 교사 그리고 다른 사람이 이룬 성취에 모두 찬사를 보내야 한다.

사회적 실현

실현은 성취와 완전히 다르다. 적어도 지금 이야기하는 상황에서는 아주 다르다. 경기에서 이기거나 좋은 점수를 받거나 산 정상에 오르는 것은 성취이지만 실현은 아니다. 이런 일들은 그 일을 수행한 당사자를 제외하고는 누구에게도 이롭지 않다. 실현은 다른 사람과 세상에 도움이 되는 것이어야 한다.

어떤 질병의 치료법을 찾는 일을 돕는다면 그것은 실현이다. 그 치료법이 의료 현장에서 사용되어 질병을 없앨 수 있다면 더더욱 큰 실현이 된다. 세상에 영향을 미칠 수 있는 잡지를 만들거나 그런 잡지에 기고를 하는 것도 실현이다. 사람들에게 이로운 사업을 하는 회사를 창업하는 것도 실현이고, 동네의 주거 환경을 개선하는 일도 실현이다.

가장 높은 차원의 성취라고 해서 반드시 실현이 될 수 있는 것은 아니다. 일상 대화에서는 종종 같은 말처럼 사용되기도 하지만, 나는 그래서는 안 된다고 생각한다. 실현이라는 말은 성취와 별개로 세상 전체나 일부에 도움이 되는 일을 표현하는 데 사용되어야 한다. 사실 우리는 사회적 실현을 이루기 위해 개인적 성취를 하는 것이다.

학생들이 이룬 성취는 하나둘 쌓일 것이다. 그러나 실현 사례는 상대적으로 많지 않다. 학교에서 하는 활동 대부분이 실제 사회에 별다른 영향을 미치지 않기 때문이다. 우리 아이들은 사회적 실현을 해낼 수 있고, 또 해야 한다.

앞서 언급한 초등학생들의 사례처럼 비용 지출이 불가피한 민간 컨설턴트를 고용하는 대신에 학생들에게 일을 맡기고 그 아이들이 작성한 환경 보고서를 정부가 받아들인다면 아이들은 그야말로 환경 글쓰기 과제에서 '최우수'를 받는 성취보다 더 훌륭한 실현을 이룬 것이다. 실제 초등학교 학생들이 해낸 것처럼 지역 워터파크 설계도를 작성해 시의회의 승인을 받고 그 설계에 따라 워터파크가 건설되도록 한 일은 사람들의 시선을 사로잡는 멋진 설계도를 그리는 성취를 압도적으로 능가하는 실현이다.

실현은 어느 학교를 다녔고, 성적은 어땠고, 비교과 활동은 어떤 것을 했느냐를 떠나 이력서 '경력'란에 써넣을 수 있는 활동들이다.

교육에서 성취와 실현을 구별해야 하는 중요한 이유

교육에서는 성취와 실현을 구별하는 것이 중요하다. 학교에서 '높은 성취자'인 사람이 불행히도 사회적 실현은 거의 이루지 못하는 경우가 대다수이기 때문이다. 여러 연구에 따르면 학교 성적은 인생에서의 성공을 예측할 수 있는 훌륭한 지표가 결코 아니다. 학업 성적으로 보면 단연코 높은 성취자가 아니었던 학생이 실제 사회에 진출해서는 대단히 많은 실현을 이루는 경우가 많다. 윈스턴 처칠이 대표적인 예이다.

우리가 진정 학생들에게 바라는 것은 성취가 아니라 실현이어야 한다. 우리는 아이들이 성취와 실현의 차이뿐만 아니라 실현의 진정한 의미를 이해하고, 학교를 다니는 동안 되도록 여러 차례 실현을 경험하기를 바란다. 그래야 실제 사회에서도 무엇인가를 실현할 수 있는 능력이 있음을 아이들 스스로 깨닫게 될 것이고, 사회적 실현이 얼마나 보람된 일인지 느낄 수 있을 것이다. 스코틀랜드 철학자 토머스 칼라일의 말처럼 "사회적 실현만큼 자존감과 자신감을 형성해주는 것도 없다."

요즘 일부 학교는 소규모이기는 하지만 사회봉사 활동이나 캡스톤 프로젝트를 교육 프로그램에 포함하고 있다. 이런 노력은 교육과정 전체로 확대될 수 있을 것이다. 앞으로 아이들은 자기소개서에 개인적 성취만이 아니라 학교에서 활동한 사회적 실현을 적을 수 있도록 노력할 것이다.

어른들이나 학교가 성적이나 석차 같은 학생 개인의 성취를 평가하는 것이 아니라 아이들이 중요한 역할을 맡아 완수한 프로젝트의 긍정적 가치와 같은 실현을 평가한다면, 학생과 교육에 대해 갖는 우리의 인식은 분명 크게 달라질 것이다. 새로운 교육 모델과 패러다임이 등장하면서 교육에서의 성취와 실현, 아이들의 성취와 실현이 보다 엄밀하게 구분되기 시작했고, 앞으로 더 발전할 것이다.

실현이라는 말은 성취와 별개로 세상 전체나 일부에 도움이 되는 일을 표현하는 데 사용되어야 한다. 사실 우리는 사회적 실현을 이루기 위해 개인적 성취를 하는 것이다.

9장

아이들에게 필요한 기량

기본은 상황 의존적이어서 상황이 바뀌면 기본도 바뀐다. 그런
데 미래의 교육에서 '기본'이 무엇인지에 대해 우리는 자주 묻
지도, 충분히 생각하지도 않는다.

새로이 등장한 더 나은 세상 만들기 교육 패러다임에서 교육 전달 수단은 실질적인 사회참여 프로젝트이다. 그렇다면 새 교육 모델에서 사회참여 프로젝트를 지원하는 구성 요소는 무엇일까?

기억하고 있겠지만 더 나은 세상 만들기 교육의 목표는 세상을 더 나은 곳으로 개선하는 것이다. 직접 사회 개선 프로젝트를 실행하고 완수하는 과정을 통해 아이들은 세상을 바꿀 수 있는 유능하고 선량한 시민으로 성장하게 된다.

아이들은 개별 프로젝트를 수행하는 데 필요한 지식과 기량을 습득하는 것은 물론이고 세상을 바꿀 수 있는 유능하고 좋은 시민이 되는 데 필요한 역량과 인성을 습득할 것이다.

그러므로 이런 질문이 생길 수밖에 없다. "아이들이 사회참여 활동을 하고, 그럼으로써 사회적 실현을 이룰 수 있음을 자각하고, 자기소개서에 많은 사회참여 실적을 기록하는 것 이외에 우리 아이들이 12여 년 동안 유치원, 초등학교, 중·고등학교를 다닌 결과 습득할 수 있는 것에는 무엇이 더 있을까? 기술과 인공지능이 차지하는 비중이 나날이 커지는 세상에 살고 있지만 그래도 여전히 모든 인류가 습득해야 하고 능숙하게 다룰 줄 알아야 하는 것이 있다면 그것은 무엇일까?" 이 질문의 답이 새 교육을 지원하는 교육과정이 될 것이다. 일단 교육과정을 세웠다면, 다음 단계로 교육과정 내용을 전달하는 방법을 찾아야 한다.

MESS 결판 짓기: 교육과정 '기본'에 대한 재고찰

세상이 많이 바뀌었고, 교육적 변화를 통해 그런 사회적 변화에 대처하고 문제를 해결해야 하는 시기임에도 대부분의 어른들은 아이들에게 "여전히 기본이 필요하다."고 주장한다. 튼튼하게 계속 잘 자랄 수 있도록 어렸을 때 뿌리를 잘 내리는 것이 중요하다는 의견에 나 역시 동의한다.

그러나 기본은 상황 의존적이어서 상황이 바뀌면 기본도 바뀐다는 것을 이해할 필요가 있다. 나는 독자들에게 짧은 풍자나 패러디 형식으로 된 재미있고 유익한 예로 〈검치호랑이 교육과정(The Saber-Tooth Curriculum)〉을 추천한다. www.bit.ly/1OqGlSD에서 읽어볼 수 있다.[24]

미래의 교육에서 '기본'이 무엇인지에 대해 우리는 자주 묻지도, 충분히 생각하지도 않는다.

지금 보편적으로 시행되고 있는 이론 중심 교육에서 말하는 기본이란 본질적으로 모든 아이가 언어, 수학, 사회, 과학을 최대한 잘하도록 만드는 것이다.(언어 과목의 경우 읽기와 쓰기를 포함하며 제2언어를 포함하는 국가들도 많다.) 19세기 후반 교육이 현대식으로 체계화되면서 4개의 기본 과목이 K-12 교육을 지배하게 되었다. 이론 중심 교육에서 교사는 이 4개 영역 가운데 한 과목을 가르치는 전문가이고, 초등학교 교사는 4개 과목 모두 가르쳐야 한다. 우리는 아이들에게 마치 선택할 수 있는 것이 네 과목만 있는 것처럼 "좋아하는 과목이 뭐니?"라고 묻는다.

오늘날 많은 사람들이 우리 교육이 처한 상황이 이미 변했거나 변하는 중이라는 것을 인식하고 있지만 대부분 기존의 기본을 새로운 기본으로 교체하려고 하지 않고, 지금 있는 것에 새로운 것을 '추가'하려고만 한다.

앞에서 언급했듯이 영어권에서 현행 교육과정의 주요 4과목은 각각의 첫 알파벳을 따서 MESS라고 하기도 한다. 아이들은 누구보다 빨리 MESS라는 말을 이해한다. 이것은 아이들이 핵심 4과목을 어떻게 생각하는지 단적으로 보여주는 것이며, 충분히 그럴 만하다.

국어, 수학, 사회, 과학은 오랫동안 많은 지역에서 주요 과목으로 가르치고 있기 때문에 사람들은 자연스레 이 네 과목이 교육의 알맹이라는 잘못된 생각을 그대로 받아들이게 된다. 그렇기 때문에 국제학업성취도평가(PISA)와 같은 협소한 영역을 평가하는 시험이 실제로 전 세계 모든 국가들의 '교육'을 비교하고 순위를 매길 수 있는 잣대라고 믿는다.

물론 MESS도 이로운 점이 있다. MESS의 다양한 요소들은 학생들 개인에게 지금도 유용하고 앞으로도 유용할 것이다. 그러나 나는 MESS가 아이들을 위한 효과적인 교육에 가장 큰 걸림돌이 될 것이라 생각한다. 그 이유는 다음과 같다.

- MESS는 교육과정의 폭을 필요 이상으로 심하게 좁혀 놓아 중요한 기량들이 많이 제외되었다.

- MESS 과목이 모든 사람에게 동일한 중요성을 갖지는 않는다.
- 우리는 MESS 과목의 세부 내용을 지나칠 정도로 자세히 다룬다.
- MESS 과목에는 중요한 내용인 효과적인 사고력, 행동력, 대인관계 능력, 사회참여 능력이 거의 포함되어 있지 않기 때문에 통합 교육이나 주제 중심 학습으로 MESS 과목들을 결합하려고 해도 불가능하다.

오늘날 대부분의 나라에서 MESS 과목을 핵심으로 생각하고 가르치고 있지만, 이제 MESS 과목이 K-12 교육과정의 기본 또는 핵심 과목이라는 지위를 내려놓아야 할 때가 되었다.

우리는 지금 뒷걸음질을 치고 있다. 지금 가르치고 있는 것 대부분이 모든 학생에게 필요한 것도 아닐 뿐더러 모든 학생에게 필요한 것 대부분이 어떤 형식으로든 K-12 교육에 포함되어 있지도 않다. 여전히 많은 사람들에게 MESS 과목, 즉 국어, 수학, 사회, 과학 과목의 실력을 쌓는 것은 중요하다. 그러나 MESS 과목은 미래의 새로운 교육과정을 구성하는 핵심 요소가 되기에는 턱없이 부족하다. 약간의 수정만으로 해결될 수 있는 문제가 아니다. 과목 통합적 접근, 팀티칭, '빅 테마', 세계적으로 중요한 문제, 미국 공통 핵심 학력기준안처럼 더욱 엄격하게 적용해도 새 교육과정의 핵심 요소가 되지 못한다. 소통(Communication), 창의성(Creativity), 협동(Collaboration), 비평적 사고(Critical thinking)를 표방하는 4C나 기업가 정신 등 이른바 21세기형 역량들도 새 교육과정을 구성하기에 충분하지 않다.

아이들에게 더 나은 세상을 만들 수 있는 역량을 길러준다는 교육 목표와 실질적인 사회참여 실현이라는 교육 수단을 제대로 지원하기 위해 새 교육과정은 K-12 교육의 기본이 무엇인지 전면적으로 재고해봐야 할 것이다. 그럼으로써 우리는 앞에서 말한 두 가지 교육 전통인 사고 중심 교육과 실현 중심 교육을 통합해서 새로운 교육 모델을 만들어낼 수 있다. 새로 탄생한 교육 모델은 학생들이 자신이 사는 세상을 개선하도록 도와주고, 그것을 통해 학생 자신도 발전할 수 있도록 지원할 수 있을 것이다.

새로운 기본

MESS를 과감히 버린다면 무엇으로 교육을 대체할 수 있을까? 지금까지 쌓아온 전통과 체계는 제쳐놓고 생각한다면 아이들에게 정말로 필요한 기본은 무엇인가? 모두가 습득해야 할 기량은 어떤 것인가? 처음부터 모든 것을 새로 시작한다고 할 때, 더 나은 세상을 만든다는 목표와 세상을 바꾸는 유능하고 훌륭한 시민으로 키운다는 목표를 제대로 지원하려면 교육과정에 어떤 핵심 요소가 포함되어야 할까?

인간이 여러 시대에 걸쳐 더 나은 세상을 만들기 위해 고안하고 활용해 온 유용한 기량을 모두 모아놓은 완전 집합체가 이 질문의 답이될 것이다. 우리는 그런 기량들이 빠짐없이 아이들의 성격형성기 동안 교육을 통해 아이들에게 전달되기를 바란다. 그러나 실제로는 일부만 전달되고, 지금 MESS 과목을 가르치는 것만큼 상세하게 전달되지도 않는다. 그러나 학교를 떠나는 아이들은 모두 그런 기량의 존재와 중요성을 알고 있으며, 모든 아이들은 그것에 대한 일반적인 지식을 가지고 있다. 무엇보다 중요한 것은 아이들이 사회참여 프로젝트를 수행하고 사회적 실현을 이룰 때 실제로 그 기량들을 발휘한다는 것이다. 이것들을 '기본 성공 역량'이라고 부를 수도 있을 것이다.

이런 관점에서 보면 기본 성공 역량은 분명 MESS 과목과는 거리가 멀다. 그렇기 때문에 아이들에게 지금 교육과정이 매우 유용하다고 이해시키기가 어려운 것이다.

더 나은 세상 만들기 교육과정

국어, 수학, 사회, 과학을 핵심 주제로 정하고 그것을 기반으로 교육을 구성하고, "수학을 얼마나 잘 하니?" "수학능력평가에서 언어영역 점수는 몇 점이니?" "너희 나라 과학 분야 PISA 순위가 어떻게 되지?"라고 질문하면서 오직 핵심 과목을 기반으로 아이들을 평가하고, 핵심 4과목에 21세기형 사회적, 정서적 기량을 추가하는 것이 아닌 완전히 새로운 교육 체계를 선택한다면 어떻게 될까?

새로운 핵심 주제 네 가지를 중심으로 유치원부터 고등학교까지 K-12 교육을 종합적으로 계획한다고 가정하자. 고등학교를 졸업할 때 모든 아이가 지니고 있었으면 하는 역량, 다시 말해 누구나 사회에서 성공하려면 실제로 필요한 핵심 역량을 중심으로 교육을 계획한다면 어떻게 될까?

우리가 교육을 새로 계획한다면 네 가지 핵심 주제는 다음과 같을 것이다.

- 효과적인 사고력
- 효과적인 행동력
- 효과적인 대인관계 능력
- 효과적인 사회참여 실현 능력

이 네 가지는 거주지, 직업, 관심사에 상관없이 누구든 유익하고 성공적인 삶을 살기 위해서라면 능숙하게 발휘할 수 있어야 하는 최고 수준의 기량이다. 이 기량들은 특정한 상황에서 발휘되어야 하는데, 그것이 바로 사회참여 프로젝트의 목적이다.

사회참여 프로젝트를 완수하는 것은 더 나은 세상 만들기 교육의 초점이자 실행 수단이다. 프로젝트를 수행하는 과정에서 학생들이 표 9.1에 제시된 각 영역의 하위요소를 반드시 고려하고 프로젝트에 적용할 수 있게 하는 것이 우리가 해야 할 일이다. 표 9.1의 세 가지 핵심 영역과 하위요소 각각에 대해 곧 더 상세히 설명할 것이다. 네 번째 핵심 기량인 효과적인 사회참여 실현 영역은 학교 다닐 때 수행되는 소규모 지역 프로젝트와 졸업 후에 주로 세계적인 규모로 수행되는 대형 프로젝트로 구성된다. 이미 언급했듯이 프로젝트 카테고리는 굉장히 범위가 넓다. 따라서 학생들이 수행할 프로젝트는 각자의 관심과 열정, 지역 사회와 국제 사회의 요구, 교사들이 보기에 학생에게 가장 큰 도움이 될 것 같은 기량을 모두 고려해서 결정된다.

표 9.1

효과적인 사고력	효과적인 행동력	효과적인 대인관계 능력
이해적 소통	성공하는 사람들의 습관	소통과 협력
정량적 사고와 패턴 인식	신체 인식 및 건강관리	– 일대일
과학적 사고	민첩성	– 팀으로
역사적 관점	적응력	– 가족간
문제해결	리더십과 팔로워십	– 지역 사회에서
– 개인적	불확실한 상황에서의 의	– 직장에서
– 집단적	사결정	– 온라인에서
호기심과 질문	실험	– 가상 세계에서
창의적 사고	신중한 위험 감수	경청
디자인 사고	현실 검증 및 피드백	네트워크 조직
통합적 사고	인내심	관계 형성
시스템 사고	회복력과 끈기	공감
금융적 사고	기업가 정신	용기
탐구와 토론	혁신	동정심
판단력	임기응변	관용
전이	기발함	윤리
미학	전략과 전술	정치
심리적 습관	장벽 허물기	시민정신
성장 마인드	프로젝트 관리	갈등 해결
자기 자신 알기	프로그래밍 능력	협상
– 열정	유용한 동영상 제작	지도하기
– 강점과 약점	현재 기술과 미래 기술을	지도받기
스트레스 조절	이용한 혁신	P2P
집중		멘토링
사색과 명상		

왜 '효과적인'인가?

새로운 핵심 영역을 정의하면서 나는 사고력, 행동력, 대인관계, 사회 참여 실현 각각에 '효과적인'이라는 형용사를 덧붙였다. '효과적인' 것은 형태가 굉장히 다양하다. 여기에서는 실제로 용어를 정의하기 위해서라기보다 '비효과적인' 것과 구별하기 위해 사용한다. 효과적인 것과 비효과적인 것의 차이를 식별하기 어려울 때도 있지만 대부분의 사람들은 차이를 구별할 줄 안다. 아이들도 효과적인 것과 비효과적인 것을 구별할 수 있도록 교육을 통해 가능한 많이 연습시켜야 한다.

표 9.1에 나열된 하위요소들을 자세히 살피면 거의 모든 요소가 대부분의 학교에서 체계적으로 다뤄지지 않거나 전혀 다뤄지지 않는 주제임을 쉽게 알 수 있다. 지금까지 제안된 이른바 21세기형 역량이라 불리는 모든 것과 소통, 협력, 창의성, 비평적 사고를 뜻하는 4C와 같은 기본 체계는 아이들이 성공하기 위해서 갖춰야 하는 기량의 아주 작은 일부분에 지나지 않는다는 점에 주목할 필요가 있다.

교과목과 교실이 없는 교육

위에 나열된 주제는 하나하나가 전부 중요하다. 이 중 어떤 것도 오늘날 이론 중심 교육의 전형적인 방식처럼 범위, 순서, 깊이를 정해놓고 전통적인 교실 환경에서 가르칠 수 있는 것이 아니다. 그 대신 학생의 요구와 수준에 맞춰 동영상, 애니메이션, 텍스트 등 여러 형식의 내용을 온라인으로 제공할 수 있다. 그러기 위해서는 각각의 주제에 대해 다시 깊이 생각해봐야 하고, 기존 교육과정에 대한 중대한 재설계가 제때 시행되어야 한다. 새 교육을 구성하는 핵심 영역의 하위요소들을 아직은 우리가 원하는 방식대로 계획하거나 이용할 수 없지만 그러려는 노력은 그 자체로서 가치 있는 것이며, 우리가 바라는 일이다.

이제 우리는 온라인 상에 있는 새 교육 구성요소들을 지금처럼 정해진 순서가 아닌 새롭게 뻗어나갈 수 있는 '프랙탈' 형식으로 재정비해야 한다. 프로젝트를 수행하는 과정에서 반드시 알고 기억해야 할 가장 중요한 것, 즉 주어진 주제에 대해 앞으로 평생 기억해야 할 것을 한 마디 말이나 문장으로 표현하는 것이 시작점이 될 것이다. 예를 들어 '프로젝트 기획'을 나타내는 최고의 말은 '모든 단계를 머릿속에 그려보라.'일 것이고, '협상'에 대해서는 '상대방에게서 되도록 많은 것을 배워라.'라고 표현할 수 있다. 우리는 어떤 주제에 대해서든 아이들이 지식을 습득하기를 바란다. 하지만 지금의 교육은 우리가 바라는 지식의 본질에 아이들의 관심을 제대로 집중시켜주지 못한다. 현행 교육과정은 세세한 내용부터 가르치기 시작하고 핵심적인 원리는 학생들 스스로 이해하도록 남겨둔다. 반면에 새 교육과정에서는 학생들이 K-12 교육을 마칠 무렵이면 위에 열거한 50여 개 주제 각각의 실행 가능한 핵심 요소들을 습득할 것이라 기대한다. 실행 가능한 요소들은 현대적 용어를 빌리자면 트위터에서의 '탑 트윗top tweets'이라 불릴 만하다. 여기에서 여러분에게 한 가지 제안하고 싶은 것이 있다.

표 9.1로 돌아가서 각 주제의 실행 가능한 핵심 요소를 한 문장으로 표현할 수 있는지 보라. 아이들이 고등학교를 졸업할 때 각 주제의 탑 트윗을 정확히 알고 있고, 이미 여러 프로젝트에 적용했다면 그것만으로도 아이들에게는 엄청난 교육적 발전이다.

시작 단계일 뿐

우리는 지금 우리에게 필요한 교육과정 개혁의 시작 단계에 서 있다. 이제 각 주제의 복잡한 정도와 다양한 카테고리의 프로젝트에 적용되는 방식에 따라 주제를 확대하는 방법을 알아내야 한다. 각 주제에 따른 여러 단계가 있을 것이다. 그래서 나이보다는 경험이 몇 배 더 중요한데도 초등학생 대상의 단계와 중·고등학생 대상의 단계를 따로 구분할 것이다. 우리는 학생들이 일련의 질문을 통해 자신이 수행할 프로젝트와 관련된 주제에 대해 정확하고 핵심적인 정보를 빨리 얻을 수 있는 방법을 고안해야 할 것이다.

교실과 교습이 없는 교육

핵심 기량을 기반으로 한 확대 교육과정은 교실, 교습, 교과목을 통해 습득할 수 있는 것이 아니다. 오히려 각 주제는 모든 프로젝트의 명백한 일부분이므로 특정 핵심 기량이 어떤 도움이 되는지 보기 위해서는 프로젝트가 진행되는 환경 안에서 살펴야 한다. 코치 또는 '역량 강화자'로 정의되는 교사들이 학생들에게 특정 주제에 관한 학습이 더 필요하다고 생각하거나 프로젝트를 수행하는 학생들 스스로 더 배워야 한다고 느낀다면 학생들이 언제든 즉각적인 도움을 받을 수 있도록 새롭고 발전된 방식으로 내용을 구성해야 한다.

학생들이 수행하고 있는 프로젝트에 핵심 주제를 적용하기까지 일정 시간이 (아마 며칠은) 걸릴 것이다. 그 시간 동안 학생들은 '사고력, 행동력, 대인관계 능력 각각의 요소들을 프로젝트에 어떻게 적용할지', '깊이 이해한 각각의 요소를 프로젝트에 어떻게 활용할지' 등등을 곰곰이 생각해야 할 것이다. 예를 들어 월요일에는 효과적인 사고력을 프로젝트에 어떻게 적용할지 생각하고, 수요일에는 효과적인 행동력을 적용하는 방법을 생각하고, 금요일에는 효과적인 대인관계 능력에 대해 생각해볼 수 있다. 모든 학교와 학급은 효과적인 운영 계획을 개발할 때 저마다 폭넓은 재량권을 가질 수 있고, 개발된 운영 체계는 누구나 이용하고 공유할 수 있어야 한다.

중요한 것에 관심 집중

이론 중심 교육과정의 핵심 과목 이름과 다르게 효과적인 사고력, 효과적인 행동력, 효과적인 대인관계 능력, 효과적인 사회참여 실현 능

력은 이름만 들어도 학생들이 받을 교육 내용이 무엇인지, 무엇을 숙
달할 수 있는지, 삶에서 어떤 기준으로 평가받을지 분명하게 이해할
수 있다. 이것이 교육의 핵심 과목을 새로 규정했을 때 곧바로 얻을
수 있는 이점 중 하나다. 요즘 아이가 '사회' 과목을 학교에서 가르친
대로 잘하는지 신경 쓰는 사람은 거의 없을 것이다. 하지만 모든 사람
들이 아이가 사회성이 좋은지, 사회적 실현을 잘 이루고 있는지에는
깊은 관심을 갖는다. 만약 아이들이 네 가지 영역의 새로운 핵심 과목
을 모두 능숙하게 잘하면서 초·중등교육 기간에 50-100개의 실질적
인 사회참여 프로젝트를 수행한다면, 그래서 고등학교를 졸업할 때
성적표가 아닌 사회참여 활동을 기록한 자기소개서를 갖게 된다면 아
이들은 얼마나 성공적인 삶을 살 수 있을까? 우리는 또 어떨까?

그럼 읽기, 쓰기, 계산 능력은?

주변 어른이나 아이가 글을 모르거나 간단한 산수를 못하기를 바라는
사람은 아무도 없을 것이다. 그러나 미래에 요구되는 읽고 쓰고 계산하
는 능력이 과거에 요구되던 기본 독해력이나 수리계산력과 동일한 것이
라고 생각하는 것은 인터넷 이전 시대에 성장한 '디지털 이민자(digital
immigrant)'가 가지고 있는 고정관념의 단적인 예라 할 수 있다.
　아이들은 모두 기본적인 읽기 방법을 배워야 할까? 다시 말해, 종이
위에 쓰인 단어들을 해독하는 법을 배워야 할까? 지금은 모든 아이들

이 아주 어릴 때부터 읽는 법을 배우고 있고, 그럼으로써 얻을 수 있는 이익도 엄청나다. 오늘날에는 읽기를 더 쉽게, 더 빨리 배울 수 있다. 그러나 현재 학교에서 시행하고 있듯이 저학년 학급에 특정 시간을 할당해 기본 읽기 능력을 집중적으로 가르치는 교육은 실제로 아이들에게 해가 될지도 모른다. 읽기는 굉장히 개별적인 행위이고, 일반적으로 아이들은 읽고 싶은 것이 있을 때만 읽기를 배우려고 하기 때문이다. 아이들이 하고 싶어 하는 프로젝트는 읽기 능력을 습득하게 하는 강한 동기가 될 것이다. 아이들이 정말로 원하는 일을 성취하기 위해서는 읽기 능력이 반드시 필요한 프로젝트를 수행하도록 상황을 유도하는 것이 필요하다. 그런 상황에 놓이면 아이들은 비디오 게임이나 교구 사용법을 배울 때처럼 스스로, 가끔은 또래 친구의 도움을 받아가며 배울 것이다. 어른들은 아이들에게 길을 안내하고 용기를 불어넣어주는 역할만 하면 된다.

게임이나 모바일 앱, 세서미 스트리트(취학 전 아동들에게 영어 알파벳을 가르쳐주는 미국 교육 방송 프로그램-옮긴이)의 다양한 구성요소 같은 읽기 기술들은 읽기 초보자들에게 낱말은 소리로 구성되어 있고 어떤 문자가 어떤 소리로 발음되는지(언어학에서는 '음소 변별'이라 한다.) 등등 필요한 기본 원리를 이해할 수 있게 도와주고 있다. 여기에 덧붙여 아주 어려운 과학 관련 글이라도 아이가 필요할 때 읽을 수 있도록 그때그때 쉬운 글로 바꿔주는 자동 변환 프로그램이 있다면 매우 유용할 것이다. 읽기를 가르치는 앱이 아니라 아이들 스스로 읽는 법을 배우도록 학습동기를 제공하는 앱을 처음으로 제작한 팀에게는 가칭 '동기부여 상'을 신설해서 수여해도 좋으리라.

지금 교육을 받기 시작한 아이들은 앞으로 10년 또는 20년 후에야 어른이 된다. 이 사실을 인식하고 미래를 멀리 내다본다면 우리는 지금 '읽기'라고 불리는 행위, 즉 종이 위에 적힌 단어의 의미를 분석하는 행위는 손글씨가 이미 그렇듯이 내리막길을 걷고 있음을 깨닫고 인정해야 한다. 이와 같은 변화를 가능하게 한 텍스트-음성 양방향 전환 기술은 더할 나위 없이 빠른 속도로 발전하고 있고, 가격은 점점 내려가고 사용 범위는 점점 더 커지고 있다. 전화 통신이 더 업그레이드되지는 않더라도 10년이 지나도 계속 사용된다고 가정하면 전화기는 화면에 나타난 모든 것을 원하는 속도로 크게 소리 내어 읽어줄 것이고, 어떤 언어를 선택하든 그 언어로 번역해줄 것이다. 또한 우리가 소리 내어 말하는 것을 텍스트로 변환해 화면에 나타내거나 다른 곳으로 전송할 수 있게 할 것이다. 우리는 '문맹'인 사람들도 모두 말은 할 수 있고, 대부분은 아주 유창하게 말할 수 있다는 사실을 종종 잊고 지낸다. 어른이든 아이든 이른바 문맹자라 불리는 사람들에게 굴욕적인 읽기 프로그램을 강요할 필요성이 점점 없어지고 있다. 다른 대안이 있기 때문이다. 게다가 미래에는 읽기 능력이 더더욱 필요 없게 될 것이다.

물론 읽기와 쓰기 능력은 정보를 저장하고 검색할 때 필요한 인간의 기본 능력이라는 사실은 반박할 수 없다. 하지만 인터넷상에서 사용되는 경우를 포함해 쓰기 능력이 요구되는 상황의 규모를 고려하더라도 우리는 아이들에게 새로운 방향을 제시해주어야 한다. 우리 아이들은 인생의 대부분을 지금으로부터 수십 년 후의 미래에서 보낼 것이다. 미래에는 읽기 능력에 대한 요구가 오늘날과는 확연히 다를 것임을 기억하자. 이미 많은 교육자들은 '문장 이해력'의 의미가 프로그래밍 및 코딩 능력과 비디오 같은 시각 매체 활용 능력을 포함하는 것으로 빠르게 확장되고 있음을 실감하고 있다. 만약 컴퓨터가 경험을 통한 자가 학습을 더욱 훌륭하게 해낼 수 있게 된다면 심지어 프로그래밍이나 코딩 능력도 지금의 아이들이 어른이 되는 시대에는 더 이상 쓸모없을지도 모른다.[25]

산수 능력과 관련해서 말하자면, 이전에는 산수 능력이 필수적인 기량이었지만 이제는 아이들에게 많은 시간을 들이며 가르쳐야 하는 기량이 아니다. 점점 많은 아이들이 어디를 가든 거의 항상 주머니에 기기를 넣고 다니면서 기본 연산이나 계산을 처리한다. 대신에 우리는 아이들이 일상에서 실제로 쓰는 수학을 인지하고 예상되는 답의 종류와 크기를 이해할 수 있도록 잘 가르쳐야 한다. 예를 들어 사람들은 아이들이 가게에서 거스름돈을 잘 계산하지 못하는 것을 대개 부정적으로 본다. 하지만 그것은 기계가 하면 되는 일이다. 우리는 거스름돈이 대략 5달러인지 10달러인지, 20달러, 50달러인지 대략적인 금액만 알면 된다. 정확한 금액을 계산하는 일은 기계의 역할이다. 기계가 고장 나거나 전기가 나간다면 자동차가 고장 났을 때와 마찬가지로 임시방편을 찾아내 문제를 해결하고 다음으로 넘어가면 된다. 자동차가 고장 났을 때를 대비해 아이들에게 몇 년에 걸쳐 말 타는 법을 가르치지는 않지 않는가.

수학에 대해서 아이들이 정말로 알아야 하는 것이 있다면 그것은 만족스러운 근삿값과 그것의 유효숫자를 찾는 방법이다. 이것은 손으로 하는 알고리즘 연산 과정에서 놓치기 쉬운 것이다. 컴퓨터가 등장하기 이전 시대에 많은 수학적 지식을 가지고 있던 사람 중에서도 특히 공학자들은 세 자릿수 근삿값으로 계산되는 계산자를 사용했는데, 그들은 근삿값의 유효숫자를 분명히 하기 위해 자릿수를 표시했다. 그 당시 공학자들은 근삿값 표현 방법이 지금 우리에게 필요한 진짜 수학적 기량임을 알고 있었던 것이다.

MESS 과목은 어떻게 될까?

사람들은 종종 "더 나은 세상 만들기 교육으로 전환하면 지금 가르치고 있는 막대한 양의 교과목 '내용'은 어떻게 될까?"라고 묻는다. 그것들은 여전히 가장 필요한 것인가? 아니면 '사라져야' 할 것에 불과한가? 어떤 사람이 말했듯이 우리 아이들은 '야만인'으로 변하는 것일까?

아이마다 다른 국어, 수학, 사회, 과학의 내용과 기량에 대한 요구는 결코 완전히 사라지지는 않을 것이다. 미래에는 아이들 저마다의 요구에 따라 각 교과목별로 다양한 내용을 배울 수 있을 것이다. 그렇지만 오늘날처럼 모든 사람이 우선적으로 배워야 하는 '핵심 내용'으로서 배우는 것은 아니다. 개인의 장점, 흥미, 열정에 따라 국어, 수학, 사회, 과학이 지니는 의미도 각자 다르고 중요한 정도도 다르다. 모든 사람에게 동일하게 필요하거나 동일하게 유용한 것은 없다. 학생들은 교사의 도움을 받으며 프로젝트를 수행하는 동안 자신에게 필요한 MESS 요소는 무엇이고, 어떻게 그것을 얻을 수 있는지 알게 될 것이다. 그리고 필요할 때마다 개인별로 혹은 팀별로 이런 정보를 찾을 수 있도록 지도받을 수 있을 것이다.

모든 사람에게 공통적으로 확실히 필요한 '내용'은 놀라울 정도로 양이 적고, 고차원적이다. 고작해야 세계의 지리적 구조와 다양성에 대한 고차원 지식, 인류 역사에서 일어났던 주요 사건, 주요 과학 원리, 정치에 관한 약간의 지식 정도일 것이다. 다른 세세한 교과 내용은 오로지 몇몇 사람들에게만 유용하다.

반면에 효과적인 사고력, 효과적인 행동력, 효과적인 대인관계 능력, 효과적인 사회참여 실현 능력은 모든 학년 모든 학생들에게 중요하다. 효과적인 교육을 위해 모든 아이들은 이와 같이 중요한 기량을 기르는 데 집중해야 한다.

아마 모든 사람들이 어느 정도는 이 점을 인지하고 있을 것이다. 부모들도 알고, 교육자들도 알고 있을 것이다. 그리고 가장 중요한 것은 아이들도 알고 있다는 것이다.

새로운 운영 계획

더 나은 세상 만들기 교육의 운영 계획을 간단히 표로 도식화하면 표

9.2와 같다.

더 나은 세상 만들기 교육의 핵심은 사회참여 프로젝트이며, 그런 프로젝트가 완수될 수 있도록 교육과정이 지원해준다. 더 나은 세상 만들기 교육과정에서 모든 학생에게 필수적인 핵심 과목은 효과적인 사고력, 효과적인 행동력, 효과적인 대인관계 능력인데, 국제적, 지역적 인식과 함께 표의 상단에 가로줄로 표기되어 있다. 학생들 각자의 요구에 맞춰 배워야 할 STEM(과학, 기술, 공학, 수학), 인문학, 예술은 표의 왼쪽 가장자리에 세로줄로 표기되어 있다.

더 나은 세상 만들기 교육의 '가장자리' 요소는 대부분 개인별로 제공될 것이다. 따라서 우리는 모든 학생이 습득해야 할 '새로운 핵심 과목'인 효과적인 사고력, 효과적인 행동력, 효과적인 대인관계와 국제적, 지역적 인식에 대해 자세히 살펴볼 것이다.

표 9.2

		모든 학생에게 필요한 핵심 내용			
		효과적인 사고력	효과적인 행동력	효과적인 대인관계 능력	국제적, 지역적 인식
개인별 요구에 따라 배워야 할 내용	STEM	실질적인 사회참여 실현 열정 발휘 + 국제적, 지역적 요구를 바탕으로 한 개인별, 팀별 문제해결			
	인문학				
	예술				

효과적인 사고력

이론 중심 교육은 항상 수량적 사고(수학)나 텍스트 이해력(기본 독해력 및 심화 독해력) 같은 특정 종류의 사고력에 초점을 두었다. 오늘날 많은 지역에서 비판적 사고와 문제해결력을 점차 강조하고 있지만, 효과적인 사고력은 대부분의 이론 중심 교육이 제공하는 것보다 실제 훨씬 더 포괄적이다. 더 나은 세상 만들기 교육과정에서 효과적인 사고력을 구성하는 기본 요소 몇 가지를 소개하면 이렇다.

- 정량적 사고와 패턴 인식
- 이해적 소통
- 비판적 사고
- 문제해결력(개인적, 집단적)
- 과학적 사고
- 상황 인식
- 역사적 관점
- 창의적 사고
- 디자인 사고
- 통합적 사고
- 시스템 사고
- 금융적 사고
- 탐구
- 토론
- 판단력
- 전이
- 미학
- 심리적 습관
- 성장 마인드
- 초점
- 스트레스 조절
- 집중력
- 사색과 명상
- 자신의 열정, 강점, 약점에 대한 자각

아마 대부분의 사람들은 효과적인 사고력의 구성요소 모두가 중요하다는 데 동의할 것이다. 그러나 앞의 3-4개를 제외하고는 지금의 이론 중심 K-12 교육과정에서 모든 아이들이 배우거나 습득할 수 있는 기량이 아니다.

물론 이 중 일부를 교육 내용에 포함해 가르치는 교사와 학교들도 있다. 하지만 아이들이 습득할 수 있도록 체계적으로 가르치는 것은 아니다. 요사이에는 과학적 사고와 비판적 사고, 문제해결력이 학교 교육에 많이 포함되고 있다. 그러나 현행 교육과정은 디자인 사고, 시스템 사고, 판단력, 미학, 심리적 습관, 열정과 장점에 대한 자각 등 아주 중요한 많은 종류의 '사고력'을 체계적으로 일깨워주지 않는다. 게다가 학교에서 가르친다 할지라도 주로 '사고력'보다는 '내용' 중심 접근법을 선택하고 있다.

안타깝게도 그 결과 K-12 교육을 다 마친 청년들을 직접 상대하는 어른들은 청년들이 수년 동안 교육을 받았음에도 '사고하는 법을 배우지' 못했다고 말한다. 나는 "학생들에게 사고하는 법을 가르쳐야 한다."고 말하는 대학 교수들을 자주 본다. 직원들이 문제해결력이 없다고 불평하는 회사 간부들의 푸념도 듣는다. 대학이나 직장에 들어가서 사고력을 키우면 너무 늦는다. 아이들은 초·중등교육을 받는 동안 많은 시간을 효과적인 사고력을 기르는 데 써야 한다. 효과적인 사고력은 지금 교육 방식보다 훨씬 더 효과적으로 제공되어야 하고, 모든 학생들에게 반드시 최우선 과목이 되어야 한다.

많은 이론 중심 교육자들은 사고는 '영역 기반'이어야 한다고 주장한다. 특정한 맥락에서 사고가 실행되어야 한다는 것이다. 이 주제에 대해 다른 의견도 있을 수 있지만 영역 기반 사고가 맞는 말일 것이다. 하지만 아이들이 사고력을 잘 배울 수만 있다면 어떤 영역 기반인지는 중요하지 않다. 뛰어난 사고력의 기본요소는 아이의 흥미를 자극하는 것이라면 어떤 영역에서라도 상황과 문제를 고려하면서 배울 수 있다. 우리는 모든 학생들이 사회참여를 실현하는 상황 속에서 효과적으로 사고하도록 도와야 한다. 물론 윤리나 정부형태 같이 모든 아이들이 생각하기를 바라는 주제들이 있다. 그러나 그런 주제는 사람들이 생각하는 것보다 훨씬 적다. '모든 학생을 위한 일반적 기량과 각각의 학생을 위한 개별적 사례'는 교육의 핵심 원리이다.

우리가 정말로 해야 하는 일은 아이들 각자가 분석할 수 있는 실질적인 사회 문제를 찾도록 돕는 것이다. 이미 '적절하다고 공인'되거나 '유의미한' 문제로 가득 찬 교과서는 필요 없다. 적절한 범위에 속하기만 하면 어떤 문제라도 효과적인 사고력의 구성요소를 가르치는 데 사용될 수 있기 때문이다. 이와 같은 문제는 결코 바닥나지 않을 것이다.

효과적인 사고력의 긍정적인 결과로 학생들은 주제 자체에 대한 관심보다는 그 주제에 접근하고 생각하는 방법에 더 관심을 가질 것이다. 아이들은 13년(유치원 교육 1년을 포함한 기간이다-옮긴이) 동안 다양한 프로젝트에 효과적인 사고력을 적용해봤기 때문에 학교를 졸업할 때가 되면 어떤 문제에 대해서도 다양한 시각으로 효과적으로 사고할 수 있는 능력을 갖추게 될 것이다. 에드워드 드 보노de Bono, E.가《생각이 솔솔 여섯 색깔 모자(Six Thinking Hats)》에서 기술했듯이 아이들은 여러 종류의 생각 모자를 쓴 채 학교를 떠날 것이다.[26] 청소년들은 특정한 상황에서 어떤 종류의 사고력이 집중하지 못하거나 능숙하게 발휘하지 못하는 비효과적인 사고력인지 분간할 수 있을 것이다.

국제적, 지역적 인식

효과적인 사고력의 하위요소 중에는 별도로 고려해볼 만한 것이 하나 있다. 우리는 모든 아이들이 국제적, 지역적 상황을 인식할 수 있는 '상황 인식' 능력을 갖추기를 원한다.(상황 인식이라는 용어는 군대나 운전자 교육, 개인 안전 및 방어를 위한 수업에서 자주 사용되는 것이다.) 아이들은 계속해서 주변을 둘러보면서 자신에게 중요한 사안이나 문제를 발굴하고, 그 문제를 해결하기 위해 어떤 수단과 프로젝트를 선택해야 할지 탐구해야 한다. 뿐만 아니라 그런 수단과 프로젝트가 정말로 세상을 더 나은 곳으로 바꿔줄지 생각해봐야 한다. 학교에서나 실생활에서 프로젝트를 수행할 때 정말 자기 자신뿐만 아니라 사회에도 중요한 문제를 해결하고 있는 것인지 지속적으로 점검해야 한다.

그러나 사고력만으로는 충분하지 않다

우리는 분명 지금의 교육과정보다 더 구체적이고 더 체계적이고 더 만족스럽게 효과적인 사고력을 가르칠 수 있다. 더욱이 아이들이 프로젝트를 완수할 수 있도록 때맞추어 가르칠 수 있다. 그러나 불행히도 학교 교육과정 대부분이 오직 사고력에만 주력하고 있다. 그것이 오늘날 교육이 안고 있는 중대한 문제이다. 행동력, 인간관계, 사회참여 실현과 같이 실질적인 삶에 관련되어 있고 성공에 중요한 영역은 거의 배제되어 있다. 학교들이 이론 중심 교육 전통만 받아들인 결과이다. 더 나은 세상 만들기 교육과정은 이런 문제를 해결하고 상황을 개선하려는 시도이다.

효과적인 행동력

주변을 둘러보면 아는 것은 많지만 행동으로 잘 옮기지 못하는 사람들이 있다. 학교에서 효과적인 행동력을 전혀 가르치지 않았거나 거의 가르치지 않았기 때문이다. 효과적인 행동력은 분명 교육을 통해 가르치고 기를 수 있는 기량이다.

예를 들어 스티븐 코비Covey, S. R. 덕분에 '성공하는 사람들의 7가지 습관'이 지난 25여 년 동안 세상 사람들 사이에 널리 알려지고 인식되었다.[27] 이렇게 놀랍도록 중요한 습관을 알고 있는데도 아이들에게 가르쳐주지 않는다면 어떤 식으로도 정당화될 수 없을 것이다. 아이들은 프로젝트를 통해 7가지 습관을 매일 행동으로 옮길 수 있을 것이다. (코비의 7가지 습관을 나열하면 이렇다. '자신의 삶을 주도하라.' '끝을 생

각하며 시작하라.' '소중한 것을 먼저 하라.' '윈-윈을 생각하라.' '먼저 이해하고
다음에 이해시켜라.' '시너지를 내라.' '끊임없이 쇄신하라.') 코비는 심지어 프
랭클린 코비Franklin Covey사를 설립해 학생들에게 이 7가지 습관을 가르
치는 교육과정을 개발했다. 그래서 효과적인 행동력을 어떻게 가르쳐
야 할지 우리는 이미 잘 알고 있다. 하지만 일부 학교에서만 코비의
교육과정을 사용하고 있을 뿐 대부분의 학교에서는 사용하지 않는다.

현재 실행되고 있는 거의 유일한 활동 요소인 글쓰기와 탐구 활동
에 덧붙여 아이들에게 가르쳐야 하는 효과적인 행동력의 구성요소는
다음과 같다.

- 성공하는 사람들의 습관
- 신체 인식 및 건강관리
- 민첩성
- 적응력
- 리더십과 팔로워십
- 불확실한 상황에서의 의사결정
- 실험
- 신중한 위험 감수
- 현실 검증 및 피드백
- 인내심
- 현재 및 미래 기술을 이용한 혁신
- 회복력과 끈기(Grit)
- 기업가 정신
- 혁신
- 임기응변
- 기발함
- 전략과 전술
- 관리 책임(Stewardship)
- 장벽 허물기
- 프로젝트 관리
- 프로그래밍 능력
- 유용한 동영상 제작

예를 들어 회복력은 주로 오랜 시간 실행을 해봐야 습득되는 기량인데도, 우리는 아이들에게 회복력을 지니기를 바란다고 말만 할 뿐 전체 초·중등 교육기간에 아이들이 수행하는 프로젝트에 회복력을 적용하는 방법을 가르쳐주지는 않는다. 효과적인 행동력의 거의 모든 하위 영역에는 전문가들이 있고, 대개는 교육 내용이 이미 개발되어 있다. 예를 들어 '끈기' 전문가로는 안젤라 더크워스Angela Duckworth를 들 수 있다.[28] 프로젝트 관리 영역은 각계각층의 사람들에게 상당히 유용하고 가치 있는 분야로 이미 훌륭한 기반을 갖추었지만 K-12 교육에서 가르치는 경우는 매우 드물다. 기업가 정신이나 창의성을 포함하는 교육과정도 있지만, 그 교육과정을 실제로 시행하는 학교는 거의 없다. 이처럼 효과적인 행동력의 구성요소들은 왜 학생들이 이해하기 쉽고 프로젝트에 직접 적용할 수 있는 형식으로 제공되지 않는 것일까? 이제 우리는 프로젝트를 수행하는 아이들이 쉽게 이해하고 직접 이용할 수 있도록 기존 교육자료를 재구성하는 작업을 해야 한다. 충분히 해낼 수 있는 작업이며, 성공적으로 마친다면 아이들에게 더없이 큰 도움이 될 것이다. 이런 교육 내용을 제공한다면 아이들이 어떤 일을 실현할 수 있을지 상상해보라.

효과적인 대인관계

많은 사람들이 효과적인 대인관계를 쌓고 유지하는 능력이 인간이 가진 가장 중요한 기량이라고 말한다. 대인관계 능력은 흔히 학교, 교실, 프로젝트, 문학 속에 나타난다. 대인관계를 연구하는 학문은 깊이가 있고 널리 알려져 있다. 그럼에도 현행 교육과정은 대인관계 능력을 체계적으로 분석하는 데 그다지 많은 자원을 쓰지 않으며, 학생들이 대인관계 능력을 활용해 프로젝트를 완수하고, 더욱 능숙하고 효과적인 대인관계 기술을 쌓고 유지하는 것을 목표로 삼지도 않는다. 최근 감성 지능과 사회관계 기술을 가르치는 교육과정이 등장했고 점차 그것을 지향하는 움직임도 있지만[29] 실제로 널리 사용되거나 활용되고 있지 않다.

교사들은 일반적으로 교육과정에 포함되어 있지 않지만 교실에서 발생하는 일대일 관계나 문제를 학생들 스스로 처리할 수 있도록 돕기 위해 애쓴다.

하지만 활용할 수 있는 교육자료가 있다면 학생들이 소속 집단, 가족, 지역 사회, 일터에서는 물론이고 온라인 상에서 능숙하게 효과적인 관계를 형성하고 유지할 수 있도록 도울 수 있을 것이다. 뿐만 아니라 프로젝트 상황에서 효과적인 대인관계를 쌓는 데 도움이 되는 공감, 윤리, 정치, 시민정신, 협상, 갈등 해결 같은 기량들도 더 능숙하게 발휘할 수 있게 체계적으로 도울 수 있을 것이다.

다른 핵심 과목과 마찬가지로 효과적인 대인관계를 다루는 교육과정도 관심 있는 학자와 다양한 단체들이 이미 만들어놓았다. 대표적인 예가 항공사 잡지에 대대적으로 홍보된 캐러스사(Karras)의 협상 훈련 프로그램이다. 하지만 그런 교육과정이 실제로 존재한다고 해도 '보다 평화로운 세상 구현'이 목표라고 외치는 학교들조차도 학생들에게 갈등 해결에 관한 핵심 지식을 가르쳐줄 수 있는 것은 아니다. 효과적인 대인관계 능력의 하위요소를 몇 가지 나열하면 다음과 같다.

- 소통과 협력:
  - 일대일
  - 소속집단 내
  - 가족간
  - 지역 사회 내
  - 직장 내
  - 온라인상
  - 가상세계 내
  - 기계와의
- 경청
- 네트워크 조직
- 관계 형성
- 공감
- 용기
- 동정
- 관용
- 윤리
- 정치
- 시민정신
- 갈등 해결
- 협상
- 지도하기, 지도받기
- P2P
- 멘토 되기, 멘티 되기

모든 아이들이 효과적인 대인관계 능력을 습득하도록 효과적인 대인관계 형성과 유지를 세계 교육과정의 핵심 기둥으로 삼으면 어떨까?

효과적인 사회참여 실현

현행 교육과정이 제공하지 않는 것 중에서도 특히 사회참여 실현 능력을 체계적으로 가르치지 않는 것은 그야말로 가장 치명적인 실수라 할 수 있다. 만약 아이들에게 사회참여 능력을 가르칠 수 있다면 아이들이 사는 세상뿐만 아니라 우리가 사는 세상의 많은 중요한 부분들이 개선될 수 있을 것이다. 오늘날의 아이들에게는 엄청난 '사회참여 실현 역량'이 잠재되어 있다. 그럼에도 우리는 아이들에게 그 역량을 사용하라고 요구하지도, 효과적으로 사용하는 방법을 가르쳐주지도 않으면서 아이들의 잠재력을 낭비하고 있다.

물탱크가 없는 가난한 시골마을에서 '1학년' 과정에 물탱크 제작에 관해 가르치고, '2학년' 과정에는 정수 시스템 설계에 관해 가르치고, '3학년' 과정은 와이파이Wi-Fi 설치 방법을 가르친다고 상상해보라. 지역 경제 상태에 관계없이 어느 지역에라도 같은 방식을 적용할 수 있을 것이다. 노인을 위한 시설이든 인터넷 개선 문제이든 각 지역에 필요한 것으로 대체하면 된다. 해마다 전년도 방법을 개량할 수도 있고, 새로운 문제를 처리할 수도 있으며, 해결하는 문제의 수를 늘릴 수도 있다.

과거에는 아이들의 육체적 노동이 착취당하는 경우가 자주 있었기 때문에 실제로 아이들이 사회에서 일하는 것이 금지되었다. 그러나 이제 시대가 바뀌었다. 오늘날 세상이 요구하는 많은 일은 육체적 노동을 필요로 하지 않는다. 오히려 컴퓨터 설계나 제작, 코딩 같은 지능을 써야 하는 일이 대부분이다. 그러므로 '아동 노동 버전 2.0'은 환영할 만한 것이고, 모든 사람에게 이로움을 줄 것이다.

유치원생을 포함해 모든 아이들은 실질적이고 중요하다고 느껴지는 프로젝트를 수행하는 것을 아주 좋아한다. 자신이 세상에 보탬이 되는 존재라고 느끼는 것만으로도 많은 아이들은 기쁨을 얻는다. 아이들은 대부분 한 해 한 해 성장하면서, 필요할 때는 어른들의 지도를 받으며 개인으로서나 집단의 일원으로서나 자신을 어떻게 관리해야 하는지 터득하게 된다. 점점 강력해지는 네트워크로 연결된 모든 연령의 아이들은 자신이 사는 지역의 문제만이 아니라 국가 또는 국제 사회가 요구하는 무수히 많은 일을 해내야 한다.

사회참여 프로젝트와 그 결과로 얻은 모든 것들은 교육적 측면에서는 물론이고 아이들 인생에 있어서도 소중하고 잊을 수 없는 경험이 될 것이다. 새 교육은 평점이 아니라 실질적인 사회참여 활동에 의해 구별되는 아이들을 길러낼 것이다. 우리는 사회참여 활동을 장려하면서 동시에 유치원부터 고등학교까지 아이들이 체계적으로 활동할 수 있도록 교육을 재정비해야 한다.

앞으로 해야 할 일

지금까지 살핀 주제와 아이디어를 중심으로 교육과정을 개발하려면, 특히 이론 중심이 아닌 프로젝트의 요구에 맞춰 기량이 습득되는 교육과정을 설계하려면 아무도 하지 않았던 일을 아주 많이 해야 한다. 세계미래교육재단(Global Future Education Foundation)에서 하고 있는 일이 그것이다.

　나와 함께 여러분도 세계미래교육재단을 돕고 지원하고 데이터화하는 일에 동참하기를 청한다.

10장

새 교육과 에듀테크

오늘날의 에듀테크는 주로 이론 중심의 낡은 패러다임을 지원
하도록 설계되어 있다. 그러나 우리에게 필요한 것은 더 나은
세상 만들기 교육이라는 새로운 패러다임을 위한 기술이다.

지금 기술은, 기술의 도움 없이 탄생
해 오래 유지되어 온 이론 중심 교육의 테두리 안에서 제자리를 찾기
위해 계속 애쓰고 있다. 우리가 가진 현대 기술은 더 나은 세상 만들
기 교육에 보다 더 유용할까?

더 나은 세상을 만드는 데 기술은 필요하지 않다고……

더 나은 세상 만들기 교육은 단순히 기술로 가능한 교육 형태가 아니
므로 어떤 기술도 필요하지 않다. 정확히 말하면 더 나은 세상 만들기
교육이 추구하는 목표는 모든 아이들이 자신이 사는 세상을 개선하기
위한 조치를 취할 수 있고, 스스로 내부에 동인을 가지고 있다고 생각
할 수 있게 하는 것이다. 지역 내 여러 집단 사이의 관계 개선, 동네 환
경 정비, 역사유물 복원에 이르기까지 세상을 개선하기 위한 많은 프
로젝트를 완수하는 데 어떤 현대 기술도 반드시 필요한 필수요소는
아니다.

그러므로 더 나은 세상 만들기 교육은 최신 장비와 서비스에 접근
할 수 있는 행운을 가진 아이들에게만 유용하고 이로운 것이 아니다.
새 교육은 아주 외딴 오지부터 사회 최빈곤 지역까지 어느 곳에서든
실시할 수 있고, 그 지역 아이들과 사회 전반에 혜택을 가져다줄 수
있다. 교육자와 학부모가 교육의 최종 목표를 단지 학생 개인의 학업
향상에 두는 것이 아니라 더 나은 세상을 만드는 것으로 확대하기만

하면 된다. 그리고 아이들이 그 목표를 달성할 수 있게 역량을 키워주는 것이 바로 어른들이 해야 할 일임을 알아야 한다.

그러나 더 많은 아이들이 기술에 접근할수록
세상은 더 많이 바뀔 것이다

'더 많은 아이들이 기술에 접근할수록 세상은 더 많이 바뀔 것이다.' 이 말이 이해된다면 기술 사용이 세상을 개선할 때 분명 도움이 된다고 말할 수 있을 것이다. 날이 갈수록 많은 지역, 많은 아이들에게 현대 기술은 생활의 일부가 되어가고 있다. 그런 만큼 기술은 아이들에게 더 많은 일을 할 수 있는 역량을 지속적으로 지원할 것이다. 미래의 기술은 틀림없이 아이들이 실현하는 거의 모든 것에서 큰 몫을 차지할 것이다.

기술이 모든 일에 필수적인 요소는 아니지만 큰 힘을 실어주는 요소임은 분명하다. 그러므로 더 나은 세상 만들기 교육에서 기술이 어떤 역할을 할 수 있고, 어떤 역할을 해야 하는지 생각해야 한다. 아이들이 새로운 기술에 접근할 수 있다면 어떻게 유익하게 사용할 수 있을까? 어떻게 사용해야 더 나은 세상 만들기 교육 프로젝트를 지원하고, 역량 있는 오늘, 내일의 아이들을 교육하는 데 도움이 될까?

정답을 기다리는 중요한 질문이 하나 더 있다. 교육 전용 기술을 개발한다면 새 교육 비전으로 전환할 때 더 도움이 될까? 아니면 방해가 될까?

가면으로서의 기술

에듀테크(교육 전용 기술)가 어째서 아이들의 성장과 교육을 방해할 수도 있을까? 두 가지 측면에서 이유를 생각할 수 있다. 첫째, 지금 현직에 있는 교사들은 에듀테크 사용이 서툴기 때문에 현행 이론 중심 교육이 실행되는 속도가 느리다. 이보다 더 중요한 두 번째 이유는 오늘날 학교에서 사용하는 대부분의 기술이 단순히 '오래된 것을 새로운 방식으로' 제공하는 수단이라는 사실에서 기인한다. 기술을 사용하면 내용 전달, 조사, 기록 등 이전에도 할 수 있었던 일을 더 빠른 속도로, 가끔은 큰 차이는 아니지만 조금 더 편리하게 할 수 있다. 우리는 기술을 학교 학습에 도입해 사용하면서 스스로 아이들의 교육을 발전시키고 아이들이 미래를 준비하도록 돕고 있다고 확신한다. 그러나 교육적으로 새롭거나 달라진 것은 아무것도 없다. 우리는 종종 대대적인 선전과 많은 비용을 들여 새로운 기술을 도입한다. 그러면 실제로는 교육적 진보를 많이 이루지 못했더라도 그 사실을 가릴 수 있기 때문이다. 어떤 기술은 사용하기 불편하기 때문에 교사들이 거부하지만, 그에 못지않게 기술이 현실을 가리는 가면 역할을 하기 때문에 경험이 풍부한 교사들이 기술에 강한 거부감을 느끼고 있는지도 모른다.

'교육 장벽' 뛰어넘기

세계 교육의 현재 상태를 이해하려면 '교육 장벽'이라는 은유적 표현이 도움이 될지 모르겠다.(그림 10.1 참조) 장벽의 왼쪽은 오늘날 시행되고 있는 성취 기반 이론 중심 교육이고, 오른쪽은 미래에 시행될 실현 기반 더 나은 세상 만들기 교육이다. 그림에서 보여주듯이 두 교육모델 사이에는 아주 높고 날카로운 뾰족한 장벽이 있다. 더 나은 세상만들기 교육으로 이동하려면 이 장벽을 '뛰어넘어야' 한다. 높은 장벽을 뛰어넘기 위해 가장 먼저 필요한 것은 교육목표에 대한 관점의 전환이다.

날카로운 장벽을 넘어 더 나은 세상 만들기 교육으로 이동할 때 기술은 어떤 역할을 할까? 더 나은 세상 만들기 교육에서 기술의 역할은 이론 중심 교육에서 맡은 역할과 다른가?

그림 10.1

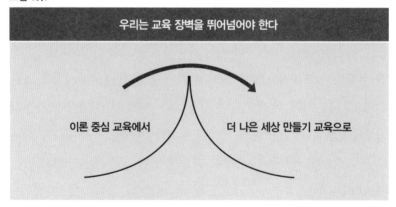

우리는 교육 장벽을 뛰어넘어야 한다

이론 중심 교육에서   더 나은 세상 만들기 교육으로

'에듀테크'의 등장

아주 오랜 시간이 걸리긴 했지만 마침내 많은 지역에서 교육 전용 기술, 즉 '에듀테크'가 교육의 주류로 진입했다. 세계 곳곳의 학교에서 점점 많은 기술을 확보해 학생들에게 사용하라고 공급하고 있다. 교육용 기술을 개발하는 산업은 급속도로 성장하고 있고, 새로운 제품이 거의 매일 쏟아져 나오고 있다. 가히 폭발적으로 성장하고 있다고 표현하는 사람들도 있다. 캘리포니아 실리콘밸리와 그 밖의 여러 지역 투자자, 기업 인큐베이터, 벤처캐피탈 기업들은 투자할 만한 교육 기업과 에듀테크 기술을 찾는 데 주력하고 있다. 신생 에듀테크 기업에 대한 투자가 넘쳐나고 있고, 미국에서만 에듀테크 벤처사업은 2015년 기준 20억 달러에 가까운 자금을 확보했다.[30] 교육 장벽을 넘어 더 나은 세상 만들기 교육으로 가려는 우리의 여정에 이런 투자가 도움이 될까? 방해가 될까?

일반 기술, 전용 기술?

일반적 의미에서 신기술은 거의 모두가 그것을 이용할 수 있는 아이들에게 힘을 실어주고 아이들이 자신이 사는 세상을 더욱더 통제할 수 있게 해준다. 진보된 신기술이 세상으로 더 많이 확산될수록 더 많은 기능이 내장된 개인용 기기가 생기고, 그런 기기를 주머니 속에 넣고 다니거나 어쩌면 머지않아 피부 속에 이식하는 아이들도 많아질 것이다. 게다가 점점 많은 아이들이 빠르고 강력한 네트워크와 인터넷에 접근할 수 있고, 아이들의 행동력과 사회참여 실현 능력도 더욱 강력해질 것이다. 서로 긴밀하게 네트워크화된 전화, 앱, 사회관계망, 협업 툴 및 파일 공유 툴 등등 교육용이 아닌 일반 기술들도 청소년들의 역량을 더욱 강화시켜 줄 것이다. 모든 아이들이 이런 기술을 이용할 수 있는 환경을 만드는 것이 우리 사회와 모든 교육 관계자가 해야 할 우선 과제이다.

일반 기술의 매우 효과적인 사용

일반용 기술이나 도구도 당연히 문제 해결에 효과적으로 사용할 수 있어야 의미가 있다. 아이들은 자신이 이용할 수 있는 기술을 단순한 오락용이 아닌 중요한 일을 실현하는 도구로 사용하는 방법을 막 터득하기 시작했다. 학생들이 준비하는 즉석 행사나 '팝업' 행사가 그 예이다. 실질적이고 유의미한 과제나 프로젝트를 수행할 때 개인이 가지고 있는 일반 기술을 효과적으로 사용하는 법을 혼자 또는 팀원들과 함께 터득해야 한다는 것이 사회참여로 더 나은 세상 만들기 교육이 지닌 가장 큰 장점이다. 아이들은 더 나은 세상을 만드는 프로젝트를 완수하기 위해 실시간 화상 통신, 시뮬레이션 도구, 로봇공학, 인공지능 등의 사용 방식을 결정해야 할 것이다.

에듀테크는 '이론 중심 교육' 전용이다

이론 중심 교육은 스프레드시트spreadsheet, 계산기, 검색 엔진, 인공지능 등 '일반' 기술과 힘든 씨름을 해왔다. 즉, 일반 기술을 교육에 포함해야 할지, 포함한다면 어떻게 통합시킬지, 아이들이 '제대로' 사용하도록 어떻게 가르쳐야 할지 고심해왔다. 이론 중심 교육에서 교육용이 아닌 일반 기술을 교육에 통합시키려는 시도는 기껏해야 반만 성공했다고 할 수 있다.

그래서 교육 전용이거나 교육 환경에서만 사용되는 새로운 범주의 기술인 '에듀테크'가 등장하게 되었다. 사실, 이론 중심 교육은 현재 우리가 시행하고 있는 거의 유일한 교육이기 때문에 에듀테크의 대부분은 자연스럽게 이론 중심 교육을 지원하도록 설계되었다. 전 세계에서 제작된 거의 모든 에듀테크 상품은 어떤 식으로든 이론 중심 교육을 지원하기 위한 것들이다.

오늘날 거의 모든 아이들이 사용하고 있거나 앞으로 사용하게 될 도구에는 일반 용도의 제품뿐 아니라 교육 전용의 전문 제품도 포함되어 있다. 칸아카데미 같은 교육 서비스는 현재 무료로 이용할 수 있으며, 앞으로도 누구나 무료로 이용할 수 있도록 하기 위해 애쓰고 있다. 하지만 어떤 곳은 이용하려면 실제 비용이 발생한다. 현재 우리가 투자하고 제작해서 제공하고 있는 교육 전용 '에듀테크' 도구들은 아이들의 미래에 얼마나 큰 가치를 지닐까? 미래를 위해 아이들을 교육하는 데 얼마나 도움이 될까? 에듀테크 제품을 설계하는 데 얼마나 많은 노력과 비용을 투자해야 할까? 더 나은 세상 만들기 교육에 얼마나 유용할까? 질문의 답은 아직 미결로 남아 있다.

기본 전제

에듀테크 산업은 교육 전용 도구들이 실제로 이론 중심 교육을 돕는다는 기본 전제 위에 세워졌다. 막대한 투자를 정당화하기 위해 에듀테크 산업은 충분히 많은 사람들이 에듀테크 제품을 사게 할 수 있다고 공언한다.

나는 오늘날 생산되는 많은 에듀테크 도구들이 이론 중심 교육의 과제를 도와줄 수 있고 심지어 대신 해줄 수 있으리라 생각한다. 아이들에게 내용을 전달하고, 교과 내용을 관리하고, 특정 분야에 대한 아이들의 지식과 사고력 향상을 돕고, 아이들의 향상 정도를 평가하고, 부정 행위를 예방하는 것 등이 포함될 것이다. 에듀테크 기업들은 지금까지 이런 과제를 해결하기 위한 수십만 개의 제품을 출시했다. 이론 중심 교육을 지원하는 기술이나 도구는 동영상 시청 같은 새로운 내용 전달 방법부터 빅데이터 분석을 통한 학생 정보의 기록, 저장, 분석, 활용 방법, 컴퓨터 기반 시험이나 질의응답 프로그램을 이용한 간편해진 교수, 평가 방법에 이르기까지 매우 다양하다.

사람들은 여전히 이런 에듀테크 제품들이 이론 중심 교육을 '개선' 하는 데 어느 정도 도움이 되었는지 토론을 벌이고 있다. 자료를 보면 어느 한쪽 말이 전적으로 옳다고 할 수 없지만 양쪽 토론자들은 여전히 자신이 옳다고 주장하고 있다. 기술과 관련 없는 많은 교육 개혁가들은 지금도 에듀테크에 대해 회의적이다. 어떤 사람은 이렇게 말한다. "실리콘벨리 사람들은 기술이 모든 것을 해결해주리라 생각한다. 하지만 그렇지 않다. 교육에는 인간이 담당해야 할 측면이 있고, 그것은 앞으로도 영원히 사라지지 않을 것이다." 어떤 사람은 기술이 의도했던 교육적 개선이 이뤄졌는데도 그것을 보지 못한다. 또 어떤 사람들은 기술이 올바른 방향으로 사용되고 있지 않다고 생각한다. 에듀테크 도구가 인간 교사가 담당했던 일을 대신할지언정 실질적으로 향상시키지는 않는다면 어느 범위까지 대신할지 여전히 뜨거운 쟁점으로 남아 있다.

부가가치 창출 영역?

한 가지 명확한 것은 오늘날 거의 모든 신생 에듀테크 기업들이 이론 중심 교육의 테두리 안에서 부가가치를 창출하려고 시도하고 있다는 것이다. 에듀테크 기업들은 지금의 이론 중심 교육을 보다 매력적이고 효율적으로 바꾸고, 데이터 수집과 피드백 기능을 향상시키고, 더 많은 효과와 더 쉬운 교수방법을 제공함으로써 교육 장벽의 왼쪽 영역에서 부가가치를 창출하려고 하고 있다. 새로운 것을 향해 높은 장벽을 뛰어넘을 수 있도록 도와주려고 하지 않는다는 말이다. 그 이유는 에듀테크 시장의 수익성이 아직도 이론 중심 교육기관에 많이 의존하고 있기 때문이다.

그런 경제적 원리의 결과로 유용한 제품들이 지금 시장에 나와 있고, 앞으로도 계속 나올 것이다. 그러나 그 가운데 많은 제품들은 아이들에게 유용하지 않은 것들이다. 뿐만 아니라 이론 중심 교육의 효용성이 다되었는데도 여전히 존속되게 하는 데 한몫하고 있다. 대표적으로 시험 대비 응용 프로그램은 아이들이 중요한 시험을 잘 치르도록 준비하는 데 유용하기 때문에 사라질 가능성이 매우 적어 보인다.

단기적 효과 vs 장기적 효과

이론 중심 K-12 교육을 지원하는 기술은 단기적으로 보면 경제적 효과가 있지만, 장기적으로 보면 교육이 나아가야 할 방향과 맞지 않는다. 장기적 관점에서 보면, 이전과 동일한 교육을 단지 다른 방식으로 전달하기 위해 값비싼 신기술을 개발하는 것은 가장 심각한 교육 자원 낭비이다. 이런 식의 기술 사용은 기술이 지닌 진짜 잠재력은 무력화할 뿐 아니라 아이들에게 새로운 것에 도전할 수 있는 역량을 길러주지 못한다. 아이들이 미래에 교육받은 시민으로 성장할 수 있게 기술이 어떻게 도울 수 있는지 생각한다면 아무리 복잡하고 정교한 에듀테크 제품이라 할지라도, 오직 '전에 했던 동일한 일을 더 쉽게 하기' 위해 사용하는 것은 별 의미가 없다.

교육 장벽의 왼쪽 편에서는 이미 지는 싸움이 벌어지고 있다. 새로 투자 받거나 출시되는 에듀테크 제품은 나날이 많아지고 있지만, 초·중등 교사들은 기존의 도구나 업무를 미미하게 개선하기 위해 신제품이 나올 때마다 사용해보는 수고를 점점 하지 않으려 한다. 그래서 교육용 신제품이나 '교육 혁신'이 교육현장에서 지속적인 발판을 마련하기가 더욱 어려워지고 있다. 뉴스코퍼레이션은 새로운 교육용 태블릿 PC를 만들기 위해 막대한 자금과 대대적인 홍보를 하고 자회사 앰플리파이Amplify를 설립했지만, 불명예스럽게도 실패로 끝났다. 그일을 주도한 언론계 거물 루퍼트 머독Rupert Murdoch과 전 뉴욕시 교육감 조엘 클라인Joel Klein처럼 단단한 자본력과 훌륭한 교육 경력이 있는 유명 인사들도 에듀테크 분야에서는 휘청거린다.

사소하지 않은 강력함

오늘날 대부분의 기업에서 제공하는 에듀테크 제품으로는 아이들이 높은 교육 장벽을 넘어 정말로 필요로 하는 교육으로 이동할 수가 없을 것이다. 아이들에게는 글로벌 네트워크, 새로운 협업, 시뮬레이션 같은 새로운 도전을 할 수 있도록 더욱더 역량을 강화시켜주면서 실질적인 사회참여를 효과적으로 실현할 수 있도록 지원하는 기술이 필요하다.

지금 쏟아져 나오는 많은 에듀테크 제품들은 아무리 기술적으로 진보되고 정교하다 할지라도 단지 에듀테크 산업이 생기기 이전부터 할수 있었던 일을 계속 하도록 새로운 수단을 제공할 뿐이다. 그 결과 우리 교육은 교육 장벽의 옛 영역에서 벗어나지 못한 채 오히려 그곳에 더 단단한 뿌리를 내리고 있다. 이론 중심 교육이 미래에도 계속 성공적이고 번창하리라 믿는다면 이런 현상이 괜찮아 보일지도 모른다. 그러나 교육이 새로운 패러다임으로 진화하고 있다고 믿는다면 에듀테크가 실제로는 우리의 앞길을 막으면서 마치 우리가 진보하는 것처럼 보이도록 현실을 감추고 있다는 사실을 간파해야 한다.

기술의 도움으로 이론 중심 교육이 아이들에게 아주 조금은 더 매력적으로 느껴지거나, 교사들이 조금 더 쉽고 능숙하게 교육 내용을 전달할 수 있게 되는 경우도 더러 있을 것이다. 그러나 전통적인 이론 중심 교육을 더 잘 전달하는 것은 우리의 목표도, 에듀테크의 목적도 아니다. 세상은 변하고 있고, 새로운 교육이 필요한 시대가 되었다. 여전히 저항이 거세겠지만 지금의 에듀테크는 앞으로 당분간 이론 중심 교육을 뒷받침하는 역할을 할 것이다. 그러나 은유적 표현을 빌리자면 그것은 '침몰하고 있는 타이타닉 호의 갑판 의자를 정리하는 것'이나 같다.

현재 에듀테크 기업의 성공률은 매우 낮다.[31] 구식의 이론 중심 교육이 정한 좁은 범위 안에서 서로 '더 혁신하려고' 경쟁하고 있기 때문일 것이다. 침몰하고 있는 제도를 뒷받침하는 것은 장기적으로 승산이 없는 전략이다.

더 논의할 여지라고?

사람들은 계속해서 에듀테크 산업에 뛰어들고 새로운 회사와 '솔루션'을 쏟아내고 있으므로 이론 중심 에듀테크 제품은 당분간 계속 생산될 것이다. 그러나 기술이 정말로 이론 중심 교육을 개선시키는지에 대해서는 이제 더 이상 생각해볼 필요가 없다. 왜냐하면 이 책에서 살펴봤듯이 K-12 교육이 새롭고 발전된 교육, 더 나은 세상 만들기 교육으로 변신하고 있기 때문이다. 게다가 에듀테크 산업은 주로 이론 중심 교육에만 집중한 탓에 실제로는 교육 변화를 방해하고 있다. 이제 세계의 교육 모델은 학습 중심에서 더 나은 세상을 만들기 위한 역량 중심으로 진화하고 있다. 교육 수단도 단순 '학습'에서 세상을 개선하는 실제 사회참여 활동으로 진화하고 있다. 이런 흐름에 맞춰 교육에서 기술의 역할도 달라져야 하며 에듀테크가 할 수 있는 것과 해야 하는 것에 대한 우리의 인식도 달라져야 한다.

에듀테크에 대한 다른 접근

나는 이 책에서 기술한 사회참여 프로젝트를 기반으로 한 더 나은 세상 만들기 교육(교육 장벽의 오른쪽)을 머릿속에 구상하고 있는 기술창조자들이 많으리라 생각한다. 그들은 새 교육이 다가오고 있다는 데 동의할 뿐 아니라 그것이 실현될 수 있도록 도와주고 싶어 한다. 하지만 기술적 측면에서 봤을 때 기술창조자들도 우리가 말하는 교육 장벽을 아직 넘지 못했다. 많은 기업과 교육자들이 아이들을 위해 새롭고 더 나은 교육으로 전환해야 한다고 목소리를 높이지만 그들도 전통과 혁신이라는 두 세계의 경계에 세워진, 창살처럼 날카로운 장벽 끝에 걸려 꼼짝도 못하고 있다. 더 나은 세상 만들기 교육을 뒷받침할 수 있는 에듀테크 제품이 있다 할지도 어떤 종류가 적합할지 아직 명확하지 않으므로 실험이 필요하다. 그러나 이제 겨우 떠오르기 시작한 소규모의 더 나은 세상 만들기 교육 시장은 그동안 기업들이 세계적 규모의 이론 중심 교육 시장을 위해 만들어 놓은 기반시설이나 사회자본, 비즈니스 모델을 지원하지 않는다.

날카로운 장벽 끝에 찔려 꼼짝도 못하는 상태는 상당히 불편하다. 안타깝게도 세상이 새 교육 패러다임으로 이동하는 사이에 에듀테크 기업들은 우리가 요구하는 실질적인 솔루션을 만들어내기도 전에 도산하고 있고, 그 비율은 아마 거의 100%에 가까울 것이다. 어떤 의미에서 보면 이것은 대부분의 사람들이 오직 주변부에 대해서만 혁신을 시도하는 이른바 고전적인 '혁신가의 딜레마(innovator's dilemma)'이다. 혁신적인 기업들은 교육 패러다임이 변함에 따라 과거의 교육에서 벗어나 새로운 교육이 지향하는 방향을 지원하는 좋은 신제품을 개발해 주류로 편입시키려 시도하지만 신생 기업들의 방해를 받게 될 것이다.[32]

그러므로 유효기간이 다된 구식의 이론 중심 교육 제도를 지엽적으로만 개선하려고 거의 모든 에듀테크 혁신과 창업 투자에 집중하던 사업 관행을 이제 멈추어야 한다. 대신에 아이들의 미래와 교육의 미래를 위한 제품을 만들기 시작해야 한다. 아주 조금 나아진 제품이라도 분명 약간의 투자 수익을 제공할 것이고, 심지어 구식의 이론 중심 K-12 패러다임을 당분간 뒷받침해줄지도 모른다. 현재 세계 곳곳에 퍼져 있다 해도 이론 중심 교육 제도는 더 이상 아이들과 세상의 요구에 적합하지 않기 때문에 결국 붕괴되고 곧 다른 것으로 교체될 것이다.

더 나은 세상을 만들기 위한 에듀테크

나는 일반용이든 교육 전용이든 기술이 더 나은 세상 만들기 교육 모델을 지원하는 중대한 역할을 하리라 확신한다. 더 나은 세상 만들기 교육으로 가는 장벽을 뛰어넘기 위해 우리는 최선을 다해 필요한 기술을 만들어야 한다. 세상을 개선하는 프로젝트 기반의 교육을 직접 지원하기 위해 만들어진 기술이나 제품은 그다지 많지 않다. 기술 기업들은 교사와 학생들이 교육 장벽을 뛰어넘어 더 나은 세상 만들기 교육에 더 쉽게, 더 빨리 도달할 수 있도록 도와주는 기술 제품을 설계하고 제작하고 홍보해야 할 것이다. 에듀테크 분야 신생 기업과 연구자들이 현재 맡고 있는 가장 중요한 역할은 현행 이론 중심 교육 제도를 대체하고 더 나은 세상 만들기 교육을 지원할 수 있는 제품을 구상하고 발명하는 것이다. 더 나은 세상 만들기 교육이 어떤 것인지 잘 알고 있으므로 우리는 이제 그것을 지원하는 일을 시작하면 된다.

새로운 제품

어떤 종류의 제품이어야 사회참여 프로젝트 기반 교육을 지원할 수 있을까? 그런 제품은 구체적으로 어떤 것일까? 초기에 나온 대표적인 예가 dosomething.org이다. 학생들이 자기의 요구에 부합하는 프로젝트를 직접 선택할 수 있게 연결해주는 학교 밖 활동 프로그램이다. 그 밖에도 다음과 같은 유용한 제품들이 있다.

- 이미 완수되었거나 제안된 프로젝트를 모두 포함하는 프로젝트 데이터베이스
- 지역별 프로젝트를 지도해줄 자원봉사자에 대한 데이터베이스
- 팀 기반 협업이나 프로젝트 진행 상황 확인, 도움 요청을 위한 기술
- 기업, NGO, 정부가 프로젝트를 제안, 배정, 조회, 평가하기 위한 기술
- 프로젝트 팀이 프로젝트에 대한 사전 조언과 사후 평가를 얻을 수 있는 기술
- 프로젝트 팀의 경험에 대한 사후 분석 기술
- 프로젝트에 대한 아이들의 의견, 프로젝트 진행 중 경험한 문제, 문제 극복 사례 등을 비디오로 기록하기 위한 기술
- 교사와 프로젝트 리더들을 위한 코칭 팁과 그들이 말하는 코칭 팁
- 프로젝트 지원 교육과정의 구성 요소

우리는 위에 나열한 제품 대부분이 어떤 것인지 아직 구체적으로 모

른다. 그러나 기업과 개발자들이 우리 아이들처럼 우리를 깜짝 놀라게 만들 수 있기를 기대한다.

투자자와 개발자를 위한 주요 질문

에듀테크 투자자나 기업가들은 다음과 같은 질문들을 할 것이다. 실질적인 사회참여 프로젝트를 수행하고, 중요한 목표를 실현하고, 자신이 도울 수 있는 분야에서 발생한 문제를 직접 해결함으로써 모든 아이들이 세상에 부가가치를 창출하는 교육을 어떻게 지원할 수 있을까? 팀워크나 협업을 위한 더 좋은 도구가 있는가? 프로젝트의 결과를 평가하고 전파할 수 있는 더 좋은 도구가 있는가? 업무용으로 이미 사용되고 있는 도구 중에 청소년용으로 만들어진 것이 있는가? 대체로 어른들보다 기술적으로 정교한 청소년들이 어른들이 아직 하지 못하는 고도의 일을 할 수 있을까?

아이들이 사회기반시설 개선, 역사유물 보존, 과학, 의료, 정부, 환경 보호 등 특정 영역의 프로젝트를 수행할 때 유용한 특정 도구를 만들어낼 수 있을까? 단지 학생 개인의 학업 성취만을 목표로 삼지 않고, 모든 학생을 세상을 바꿀 수 있는 유능하고 훌륭한 시민으로 길러내는 목표를 가지고 있는 교육을 기술적으로 지원할 수 있는 방법은 무엇일까? 오늘날의 핵심 과목 MESS보다 훨씬 폭넓은 범위의 기량들을 기반으로 한 교육을 기술적으로 어떻게 지원할 것인가? (여기에서 말하는 기량은 이전보다 넓은 의미의 '사고력'을 포함할 뿐만 아니라 거의 모든 교과과정에서 제외되었던 사회적, 정서적 관계를 포함한 '대인관계 능력', '행동력', '사회참여 실현 능력'도 포함한다.) 아이들에게 주요 과목을 숙달하라는 진부한 말을 하는 대신에 지역 사회와 세상을 더 나은 곳으로 만들어야 한다는 인식을 심어주면서 동시에 아이들의 열정을 발굴해 강화하고 발전시키는 데 초점을 두는 교육을 기술적으로 어떻게 지원할 수 있을까?

정답은 에듀테크에 있다. 아이들에게 정말 필요한 것은 에듀테크적 지원이다.

새로운 교육 토대로서의 기술

읽기나 쓰기가 전통적인 이론 중심 교육의 토대가 되었던 것처럼 일반 기술이나 교육용 기술 할 것 없이 기술은 더 나은 세상 만들기 교육의 좋은 토대가 될 것이다. 우리는 단지 더 나은 세상 만들기 교육을 지원하는 기술을 아직 만들 줄 모른다. 그래서 아직도 초기 실험 단계에 있다. 우리는 프로젝트 데이터베이스, 학생-프로젝트 연결 시스템, 다양한 교육과정 제공 방법 등 기본적인 새 교육 인프라를 새로 구축해야 할 것이다. 교사의 역할이 지금의 내용 전달자에서 역량 강화자 또는 코치로 전환하는 데도 기술적 도움이 필요하다. 그 밖에 다른 어떤 기술적 지원을 제공해야 할까?

더 나은 세상 만들기 교육을 지원하는 기술이 만들어지면 세계적인 프로젝트 기반 교육 운동을 통해서 시험해볼 수 있을 것이다. 또한 현재 봉사 활동과 캡스톤 및 다른 사회참여 프로젝트를 제공하고 있는 많은 학교와 대학에서도 시험해볼 수 있을 것이다. 이와 같은 데들은 시범 사용을 통해 좋은 피드백을 제공할 뿐 아니라, 우리에게 필요한 추가 제품을 설계하는 개발업체가 등장하도록 도울 수 있다.

에듀테크 기업가들은 페이스북, 구글, 유튜브, 아마존, 애플 등 이미 세계적 규모의 교육 실험을 실시하고 있는 기업들로부터 많은 것을 배울 수 있으리라 생각한다. 유튜브는 단일 기업으로서는 세계에서 가장 큰 교육 기업이다. 모든 연령의 사람들이 거의 모든 주제에 관해 또래나 전문가로부터 무료로 배우려고 가장 먼저 유튜브를 찾는다. 에듀테크 기업들은 공유 도구와 사회적 협력, 협업 도구가 단지 이론 중심 교사들만이 아니라 사회참여 프로젝트를 수행하고 있는 학생들에게도 유용하게 쓰일 수 있도록 더욱 노력해야 한다. 사실 에듀테크 기업들은 오늘의 이론 중심 교육을 받은 졸업생들보다 업무 능력이 월등히 뛰어난 직원을 요구하는 대표적인 기업들이다. 이 점을 감안한다면 에듀테크 기업들은 교육 환경 안에서 실질적인 사회참여 프로젝트가 시행되도록 돕는 제품을 개발해야 한다. 내부 직원 연수용으로 사용하고 있는 기술을 기반으로 삼아 신제품을 만들 수도 있을 것이다. 에듀테크 기업들이 빠른 속도로 변화하고 있는 세상과 고객을 보면서도 실험을 두려워하지 않는다는 것은 아주 고무적인 일이다.

결론

에듀테크가 진정으로 교육의 발전과 우리 아이들의 발전을 돕기 위해서는 낡은 이론 중심 교육 패러다임 지원을 멈추고 새로 등장한 사회 참여 실현 기반의 더 나은 세상 만들기 교육을 향해 가야 한다. 지금 더 나은 세상 만들기 교육을 지원하는 기술이 첫 새싹을 틔우고 있다. 바로 dosomething.org에서 일어나고 있는 일이다. 새싹이 자라기 위해서는 자금과 지원책, 육성책이 필요하다. 그것도 아주 많이 필요하다.

기술의 잠재력에 관해서 우리 자신에게 물어보자. 기술은 아이들이 열정을 찾아내어 탐색하고 그 열정을 발휘함으로써 성장하는 것을 어떻게 도울 수 있을까? 앞으로 아이들의 교육 내용이 될 수 있는 사회 참여 프로젝트를 아이들과 어떻게 효율적으로 연결시킬 수 있을까? 아이들이 세상을 바꾸는 유능하고 훌륭한 사람이 되도록 어떻게 지원할 수 있을까? 새로운 세상에서의 교육의 의미에 대해 교사들이 새로운 태도로 접근하도록 어떻게 도울 수 있을까?

이것은 분명 모든 에듀테크 신생 기업들이 던져야 할 질문들이다. 그리고 어떤 기업들은 실제로 이 질문의 답을 찾고 있다. 교육 장벽을 넘어 새로운 미래지향적 교육 환경으로 진입한 에듀테크 분야 신생 기업이나 기성 기업은 우리 아이들에게 장기적인 가치를 부여해줄 것이고, 새로 떠오르고 있는 기술 사회에서도 살아남아 번창할 것이다. 에듀테크를 활용해 시대에 뒤진 이론 중심 교육 제도를 미미하게 향상시키는 것은 우리 아이늘에게나 사회, 경세적으로나 징기적 가치가 거의 없다. 우리는 강력한 신기술을 발판 삼아 날카로운 장벽을 뛰어넘어 더 나은 세상 만들기 교육 패러다임으로 전환해야 한다.

11장

변화하는 교사 역할

역량을 강화하는 교육은 교사에게 내용 전달과는 확연히 구분
되는 생각과 활동이 필요하다. 교사의 역할은 학생들의 역량을
길러주기 위한 동인을 제공하는 것이다.

　　　　　　　　그럼 이제 교사들은 어떻게 되어야
할까? 청소년들이 미래를 준비하고 미래에 성공하기 위해서는 어른
들의 지도가 정말 중요하다. 부모, 가족, 롤모델까지 아이에게 영향을
주는 어른들은 많지만 아이의 미래를 준비하는 막중한 책임은 교사에
게 전가해왔다. 전 세계 초·중등 교사는 천만에서 2천만 명 사이고,
그중에 미국 교사는 대략 2백만 명이다. 중요한 인격 형성기에 아이
들은 매우 많은 시간을 교사와 함께 보내고, 교사들은 아이의 발달에
결정적인 역할을 한다. 최상의 경우 교사들은 아이들에게 어떤 기계
장치도 제공할 수 없는 공감, 존중, 열정, 동기를 일으킨다. 아무리 기
술이 새롭고 빠르게 진보한다 하더라도 훌륭한 인간 교사에 대한 수
요는 당분간 사라지지 않을 것이다.

　　아이에게 하는 지도가 효과 있으려면 제대로 된 지도를 해야 한다.
오늘날 아이들과 세상이 기대하는 교육적 요구는 완전히 바뀌고 있
다. 그런 요구를 충족시키기 위해 교사들이 먼저 변하고 진화해야 한
다. 그리고 교사들뿐만 아니라 우리 모두 다음 질문을 생각해볼 필요
가 있다.

　　"아이들의 요구를 충족시키고 아이들에게 미래를 잘 준비시키기 위
해 교사들은 아이들과 함께 있는 시간에 무엇을 해야 할까?"

　　새로운 시대와 새로운 상황을 맞이해 이 질문의 답은 빠르게 달라
지기 시작했다. 추측컨대 매일 교실에서 일하는 교사들은 거대한 변
화가 세상뿐 아니라 아이들에게도 일어나고 있음을 일찌감치 감지하
고, 자신들이 무엇을 할 수 있고, 무엇을 원하는지, 그리고 무엇을 해

야 하는지 파악하고 있을 것이다. 대부분의 교사들은 이런 변화가 아이들과 함께 보내는 시간에 영향을 미친다는 것을 알고 있다. 세계 곳곳의 많은 교사들은 변화를 이끌어내기 위해 다양한 방식으로 움직이고 있다.

교육의 중심부에서 일어날 수 있는 변화 가능성에 대해서는 다음 장에서 다루고(미리 힌트를 주자면 나는 낙관주의자다.), 이 장에서는 교사가 가야 할 길에 대해 간단히 설명하고, 그 길을 따라가고 싶은 교사들에게 미래로 가는 발전적인 방향을 제시할 것이다. 그래서 되도록 많은 교사들이 긍정적이고 새로운 방향으로 발걸음을 옮길 수 있도록 돕고자 한다.

긍정적인 기회, 그리고 그것에 이르는 길

교육목표가 개인의 성취에서 더 나은 세상 만들기로 점차 바뀌면서 교사들이 시간을 쓰는 방식도 달라지기 시작했다. 이미 세계 여러 지역의 교사들 사이에서 미래에 세상이 어떻게 전개될지 보여주는 변화가 일어나고 있다. 그 변화는 교사와 학생은 물론이고 사회 전반에 엄청나고, 긍정적인 기회를 주게 될 것이다.

다양한 교육적 요구를 충족시키기 위해서는 교육자들의 태도가 바뀌어야 한다. 그러기 위해서는 교사들뿐만 아니라 모든 사람들의 용기가 필요하다. 이미 굳어진 기존 습관과 생활을 바꾼다는 것은 모두에게 환영할 만한 일은 아닐 것이다. 그러나 변화에 대한 두려움이 우리를 압도하거나 필요한 적응과정을 방해하도록 내버려두어서는 안 된다. 용기란 "두려움을 느끼면서도 어쨌든 필요한 일을 해내는 것"이 아닌가.

모든 직업에서 일어나는 것처럼 교직에도 변화가 일고 있다

이 책이 전달하는 메시지는 새롭고 더 나아진 K-12 교육 모델이 세상에 등장했고 그것을 실행하기 위한 길이 점차 분명해지고 있다는 것이다. 교사들이 따라가야 할 길도 마찬가지다. 그것은 모든 사람이 빨리, 쉽게 걸어갈 수 있는 길이 아니다. 분명 위에서부터의 지원이 필요할 것이며, 누구나 그 길을 선택하지는 않을 것이다.

그러나 미래에 '교사'가 되고 싶은 사람이라면 이해하고 생각해봐야 할 길이다. 어떤 사람들은 이미 그 길 위에 서 있다. 우리는 그중 두 명을 곧 만날 것이다. 나는 결국에는 거의 모든 교사들이 그 길을 선택하리라 생각한다. 그 이유는 첫째, 아이들의 요구를 충족하기 위한 옳은 길이기 때문이고 둘째, 이 길을 선택한 사람들에게 주어지는 심리적 보상이 엄청나기 때문이다.

교사들은 기존 관행을 바꾸기 시작하면서 다른 전문직 종사자들과 같은 상황이 될 것이다. 전문직 종사자들은 새로운 세상과 상황에 적응하기 위해 대대적인 변화를 감행하고 있다. 의료 전문가들은 환자들의 요구와 정보 변화에 맞춰 사람들을 치료하는 것에서 사람들의 건강을 유지하도록 돕는 것으로 의료 초점을 바꾸고 있다. 비행기의 자율 비행이 가능해지면서 조종사들은 기계를 물리적, 역학적으로 다루는 조종 기술에서 벗어나 문제가 발생했을 때 문제를 해결하는 능력을 개발하는 데 집중하고 있다. 그 밖에도 많은 비슷한 예가 있을 것이다.

교사들의 가르치는 일도 서서히 진화하는 중이다.

변화의 궤도

교육 현장에서 일어나고 있는 변화의 전체 궤도를 보면 교사는 '교실 앞에 서서 정해진 내용을 전체 학생에게 가르치는 사람'에서 '아이들이 팀을 구성해 세상을 개선하는 실질적인 사회참여 프로젝트를 수행할 때 팀별로 역량을 강화시켜주고 지도하는 사람'으로 바뀌고 있다. 미래의 교사는 학생들에게 어떻게 하라고 지시하고 나중에 지시대로 했는지 확인하는 방식을 쓰지 않을 것이다. 대신에 필요한 기량을 습득하는 데 도움이 되는 프로젝트를 선택하는 방법을 가르쳐주고 학생들이 선택한 프로젝트를 효과적으로 완수할 수 있도록 도울 것이다. 간단히 말해 '내용을 전달하고 방향을 지시하는 사람'에서 '역량을 강화시켜주는 코치'로 바뀔 것이다. 또는 누군가의 말처럼 '무대 위 박식한 지식 전달자'에서 강력하고 중요한 역할을 하는 '무대 밖 안내자'로 바뀔 것이다.

궤도의 한쪽 끝에서 반대편 끝까지 가려면 '발전적 경로'를 따라야 한다. 이 장의 나머지에서는 그 경로에 관해 다룰 것이다.

'발전적 경로'

수세기에 걸쳐 세상에는 어디에서나 인정받는 전문직인 교직이 생겨났고, 아이들이 미래에 대비할 수 있도록 돕는 전문가 집단인 교사 집단이 생겼다. 오늘날 세계 어느 지역에서나 대부분의 교사들은 자신과 같은 일을 하는 다른 교사에게 틀림없이 동질감을 느낄 것이다. 거의 모든 교사들이 전반적으로 동일한 교육 제도 안에서 교육과 훈련을 받았기 때문이다. 즉 오늘날 전 세계에서 시행되고 있고, 학교에 다녔던 사람이라면 누구나 경험한 이론 중심 교육을 받았기 때문이다. 지역마다 세부 내용은 다르지만 모든 이론 중심 교육이 공통적으로 교사에게 요구하는 역할은 내용 전달이다. 점차 다양한 내용과 다양한 전달 방법이 생겨나고 있지만 아직까지 학생들에게 전달되는 내용의 대부분은 주요 네 과목 국어, 수학, 사회, 과학 영역이고, 직접 교수법(direct instruction)으로 전달된다. '내용'은 암기하거나 기계식 학습을 해야 하는 자료에서부터 복잡한 고등 사고력을 발휘해야 하는 자료까지 다양하다.

세계의 거의 모든 교사가 지금 현재 이론 중심 교육을 하고 있다.

교사가 전달하는 내용에 상관없이 대부분 사람들의 머릿속에는 이상적인 훌륭한 교사의 모습이 들어 있다. 훌륭한 교사는 '내용을 완벽하게 알고 있고' 설명을 잘하고 소통이 잘 되며' '혁신적인 교수법을 사용하고' '학생을 참여시키고 잘 관리하고' '학생들에게 영감을 주고' '학생들이 더 좋은 점수를 받고 졸업할 수 있게 한다.' 이와 같은 훌륭한 교사상이 많은 사람들의 마음속에 깊이 자리 잡고 있을 것이다.

그러나 대중의 머릿속에 새겨진 이상적인 교사상은 거의 전적으로 한 가지 특정 교육, 즉 이론 중심 교육에만 적용된다는 것을 이해해야 한다. 이론 중심 교육은 하나의 계층 기반 교육 제도이다. 교사가 맨 위 계단에 서서 학생을 관리하고 통제한다. 심지어 아주 사소한 것까지 관리할 때도 있다. 교사가 학급 전체 아이들에게 끝없이 설명하는 교육 모델은 이론 중심 교육밖에 없다. 교사는 교실 앞에 서 있고 학생들은 자리에 앉아 거의 항상 교사의 통제를 받는 전형적인 교실 풍경은 이론 중심 교육에서만 볼 수 있는 것이다. 이론 중심 교육에서 교사는 더 엄격하게 가르칠 수도 있고 덜 엄격하게 가르칠 수도 있지만, 내용을 전달하는 교사의 역할은 세상 어느 곳에서나 동일하다.

힘겨운 문제

내용을 전달하는 교육 방식은 이제 아이들을 가르치는 최선의 방법, 또는 옳은 방법이 아니다. 이론 중심 교육을 하고 있는 오늘날의 교사들은 중대한 문제에 직면해 고군분투하고 있다. 교사들이 일으킨 문제는 아니지만 그래도 교사들이 다뤄야 하는 문제이다. 그것은 바로 이론 중심 교육이 이제 더는 과거처럼 아이들에게 효과적이지 않다는 것이다. 이론 중심의 K-12 교육 패러다임을 개선하려는 시도가 그동안 수없이 이어졌지만 많은 경우 실패로 끝났고, 결국 더 이상 쓸모없는 교육으로 전락하기 시작했다.

한 시대에서 전혀 다른 새로운 시대로 이행할 때 교사들은 교육에 대한 전혀 다른 두 관점 사이에 갇히게 된다. 하나는 과거에서부터 지금까지 세계를 지배하고 있지만 많은 사람들이 인정하듯이 점점 효력이 떨어지고 있고 미래에는 적용할 수 없는 이론 중심 교육이다. 다른 하나는 새로운 시각으로 아이들을 대하고 아이들에게 더 많은 존중과 신뢰를 보장해주는 교육으로, 세상을 더 나은 곳으로 만드는 실질적인 프로젝트를 수행하는 과정을 통해 아이들이 성장하고 교육이 이루어진다.

역설적인 상황

구식인 이론 중심 교육이 아이들의 미래에 적합하지 않다는 사실을 깨달은 교사들이 점점 늘고 있는데도, 학부모나 행정당국의 압박에 의해 이론 중심 교육을 제공하는 기술, 즉 지식을 전달하는 교사들의 기술은 더 좋아지고 있다. 정말 역설적인 상황이다. 현행 교육 제도의 질을 평가하는 도구들은 대체로 교사가 내용 전달을 얼마나 잘하는지, 학생들은 얼마나 잘 흡수하는지를 평가한다. 이것은 아이들에게 다른 무엇인가 필요하다고 생각은 하지만 제도적 장벽에 부딪쳐 아무것도 못한다고 느끼는 교사들에게 좌절감을 주는 심각한 문제이다. 한 교사는 "내가 가르치고 있는 것이 정말 아이들이 알아야 할 내용인가?"라고 트위터에 하소연한다. 앞 장에서 사용한 표현을 빌리자면 점점 많은 교사들이 두 교육의 경계에 놓인, 창살처럼 날카로운 장벽 끝에 찔려 오도 가도 못하는 상황에 처해 있다.

교과 내용 자체나 그 내용을 전달하는 행위 자체에는 본질적으로 잘못된 것이 없다. 실제로 우리가 배운 교과 내용이 적절하고 유용하게 쓰이는 경우도 많다. 그러나 반드시 짚고 넘어가야 할 중요한 사실은 내용 전달이, 특히 교사가 교실에서 직접 가르치는 것이 아이들을 교육하는 유일한 방법이 아니라는 것이다. 직접 내용을 가르치는 교수법은 이미 K-12 교육의 일차적 수단으로써 기능을 상실하고 있다. 급속도로 발전하는 기술 주도 사회에서 '내용'은 아이들이 사회참여를 실현할 수 있도록 지도하고 역량을 강화시켜주는 새로운 비전의 교육활동에 통합되어야 한다. 새로운 비전에서는 내용 전달과 교수 활동은 필요할 때만 시행하며, 특히 교사뿐만 아니라 기술 장치와 기기, 풍부한 지식을 가진 또래 등 다양한 데에서 필요한 내용을 얻을 수 있다. 미래로 갈수록 전임 내용 전달자라는 직업은 점점 주류에서 주변부로 밀리고 있다. 일차 운송 수단이 말에서 자동차로 바뀌면서 대장장이나 말 거래상이라는 직업이 쇠퇴하게 된 현상과 같다. 미래의 교사들은 지금과는 확연히 다른 일을 하며 학생들과 시간을 보낼 것이다. 이는 불을 보듯 명백한 일이다.

교사의 새 역할, 더 나은 세상을 만드는 역량 강화

이론 중심 교육이 쇠퇴하면서 새로운 대안이 떠오르고 있다는 것은 교사나 우리 모두에게 다행스러운 일이다. 새로 등장한 교육은 단지 교실을 개조하고 내용과 교수법을 개선시킨 기존 이론 중심 교육의 업그레이드 버전이 아니다. 자신들이 세상을 변화시킬 수 있는 프로 젝트를 완수함으로서 관심 갖는 지역 문제나 세계적인 사회 문제를 해결할 수 있다는 학생들의 자기 인식을 기반으로 한 교육이다. 앞에 서 언급했듯이 단지 효과적인 사고력뿐만 아니라 효과적인 행동력, 대인관계, 사회참여를 모두 아우르는 교육이다.

　더 나은 세상 만들기 교육은 아이들에게 단순히 교과 내용을 제공 하는 것이 아니라 아이들이 세상에서 무엇인가를 성취할 수 있는 힘 을 부여하는 데서 출발한다. 프로젝트를 수행하는 과정에서 지금보다 더 다양한 방식으로 학생 개인의 성취는 물론이고 자신이 속한 사회 를 개선하는 이중혜택을 누릴 수 있을 것이다. 그 덕분에 더 나은 세 상 만들기 교육은 점점 성장하고 있고, 분명 장기적인 승리를 거둘 것 이다.

역량 강화자로서의 교사

이제 세상은 머릿속에 정해진 내용을 담고 있는 아이들이 아니라 자신의 방식대로 세상을 개선하고 목표를 실현할 수 있는 역량 있는 아이들을 요구한다. 앞으로 나아가기 위해 세상에 필요한 존재는 이미 알려진 지식을 배웠거나, 아무리 중요한 사고력일지라도 한정된 범위의 사고력만 숙달했거나, 심지어 '학습하는 법'을 학습한 아이들이 아니다. 세상이 요구하는 인재는 K-12 교육을 받은 결과, 자기 힘으로 또는 교사와 친구, 기술의 도움을 받으며 더 나은 세상을 만들기 위해 어떻게 열정을 발휘하고, 어떻게 효과적으로 실현할 수 있는지 알고 있는 아이들이다. 그런 인재로 성장하기 위해 아이들은 교사들로부터 이론 중심 교육에서 제공하는 지식이나 기량이 아닌 다른 종류의 새로운 도움을 받아야 한다.

역량 강화자이자 코치로서의 역할 전환

이런 맥락에서 '교사'를 지칭하는 새로운 용어와 새로운 교직 형태가 떠오르고 있다. 과거에는 교사가 '내용(때로는 기량) 전달자'를 의미했다면 미래의 교사는 '코치나 역량 강화자'를 의미할 것이다. 세계의 교육이 새로운 모델과 패러다임을 향해 진화하고 있으므로 교사 집단은 서서히 그러나 되도록 빨리 내용 제공자로서의 역할을 버리고 역량 강화자라는 새로운 역할을 받아들일 준비를 해야 한다.

내용 전달자라는 직업과 그것을 뒷받침하는 이론 중심 교육이 완전히 사라지지는 않을 것이다. 세상에서 영원히 사라지는 것은 거의 없다. 그러나 분명 변화의 바람이 불기 시작했다.

세상은 변화의 초기 단계에 진입했고, 가장 진보적인 교사들은 역량 강화자로 이미 변신을 마쳤다. 누군가의 묘사처럼 어떤 교사들에게는 이런 변화가 "벼랑에서 뛰어내리는 것" 같이 느껴지겠지만 이미 경험한 선배 교사가 장담하듯 "그때 낙하산이 펴진다."는 것을 알게 될 것이다.

어떤 신규 교사들은 처음부터 내용 전달자가 아닌 역량 강화자로서 자신의 이력을 시작하고 있다. 이들은 먼저 역량 강화자라는 교사의 새 역할을 수용하고 지원을 아끼지 않는 학교와 교육청, 행정가, 학부모를 찾아냈다. 새 역할을 시작한 교사의 수뿐만 아니라 그런 교사를 지지하는 사람들의 수도 증가하고 있다. 학생들의 역량을 길러줄 사람을 교사로 채용하려는 학교와 교육행정가도 많아지고 있다. 많은 경력 교사들도 새 역할을 받아들여 아이들이 해결하고 싶은 사회 문제를 발견하고 문제 해결에 필요한 전문지식을 쌓거나 자원을 모을 수 있도록 지도하고 지원하고 있다. 머지않아 학교 행정가들이 교사의 역할 이행을 장려하고 '역량 강화자'를 찾는 구인광고를 내는 날이 올 것이다.

어려운 질문들

항상 다뤄야 하는 문제들 외에도 교사들은 다음과 같이 자문해야 한다. "교육에서 일어나고 있는 진화적 변화에 동참하기 위해 내 자신은 어떻게 준비하고 어떤 기량을 길러야 할까?" "내용 전달자라는 일차적인 역할에서 역량 강화자라는 복합적 역할로 이동해야 하는데, 내가 할 수 있을까?" "그것이 내가 원하는 것일까?" "어떻게 시작해야 할까?" "어디에서 본보기를 찾을 수 있을까?" "내용 전달과 역량 강화를 혼합해서 교육을 제공할 수는 없을까? 반드시 역할을 분리해야 할까?" 이제 모든 교사들이 중대한 선택을 해야 할 시점에 이르렀다.

- 교사들은 내용 전달과 이론 중심 교수법을 고수하고 있는가? 심지어 학생들이 얻는 장기적 혜택이 줄어들더라도 오히려 기존 역할을 더 능숙하게 잘 하고 있는 것은 아닌가?
- 아니면 가르치는 일을 그만두고 있는가?
- 세상과 아이들의 요구에 맞춰 역량 중심의 더 나은 세상 만들기 교육으로 이동하고 있는가?
- 두 가지 교육을 모두 병행하거나 결합하려고 시도하고 있는가?

어떤 것도 쉬운 질문이 아니다. 행정가나 학부모들은 전통적인 이론 중심 교육을 고수하라고, 심지어 더 엄격하게 하라고 강한 압력을 행사한다. 그러나 다른 한편에서는 더 나은 교육을 부르짖는 학생들로

부티의 압력이 점점 커지고 있다.

이 문제에 대한 해결 방안을 하나 제시하고자 한다.

두 가지 교수법의 일시적 병행

교육의 목표는 개인의 성취에서 실질적인 사회참여 실현으로 바뀌기 시작했고, 교사는 바뀐 교육을 통해 아이들이 미래를 준비할 수 있도록 도와줘야 한다. 따라서 우리는 서로 성격이 다른 두 가지 교수 방법을 명확하게 규정해서 교사들이 하나에서 다른 하나로 쉽게 이행할 수 있도록 최선을 다해 뚜렷한 방향을 제시해야 한다.

첫 번째 교수 방법은 전통적인 교수법으로, 대부분의 교사들이 잘 알고 있고 매일 사용하는 이론 중심 모델이다. 다른 일을 하다가 최근에 교직을 시작한 한 교사가 단언했듯이 '이론 중심 교육을 하는 교사들의 일차적 목표는 내용을 전달하는 것'이다. 이론 중심 교수법의 목표는 학생들이 내용을 배우도록 하는 것이다. 내용 전달을 위해 다양한 교수법을 사용하지만 어떤 교수법을 사용하든, 그리고 기술을 사용하든 안 하든 상관없이 교사는 학생들이 미리 정해진 교육과정에 따라 지식과 기량을 습득하도록 이끌어야 한다. 그것이 교사의 의무이다. 교사들은 내용 전달 방법을 개선하기 위해 노력하고, 학교에서는 학생 개인이나 학급 전체가 내용을 얼마나 학습했는지 평가하기 위해 여러 시도를 하고 있다.

두 번째 방법은 전통적인 교수법과 매우 다른 역량 중심 교수법이다. 학생들이 사전에 지정된 내용을 정해진 시간에 학습하는 것이 목적이 아니다. 이 교수법은 세상을 개선하는 실질적인 사회참여 프로젝트를 통해 학생들을 세상을 바꿀 수 있는 유능하고 훌륭한 인재로 기르는 과정이다. 교사는 내용 전달 대신에 학생의 사회참여 실현을 지도한다. 교사의 역할은 학생들의 역량을 길러주기 위한 동인을 제공하는 것이다. 교사들은 학생들이 하고 싶었던 일과 할 수 있는 일을 자기주도적으로 하고, 지역 사회나 국제 사회를 개선시키는 데 열정과 노력을 발휘할 수 있도록 지도한다. 교육을 받는 과정에서 모든 학생이 습득해야 할 폭넓은 범위의 기본 기량들이 있지만, 더 나은 세상 만들기 교육에서는 학생 개인마다 습득하는 방식, 순서, 시간이 다르다.

역량을 강화시켜주는 교육은 교사에게 내용 전달과는 확연히 구분되는 생각과 활동을 요구한다.

전 세계 대부분의 교사들은 정도의 차이는 있지만 모두 내용 전달 능력이 뛰어나다. 그에 못지않게 역량을 강화시켜주는 능력이 뛰어난 교사들도 갈수록 많아지고 있다. 어떤 교육을 하든지 간에 교사들은 잘 가르칠 수 있을 것이다. 아마 대부분은 두 가지 교육 모두 능숙하게 할 수 있을 것이다. 한 교사가 정규 시간에는 내용 전달 방식의 교육을 하고, 방과 후 활동 시간에는 역량을 강화시키는 교육을 병행할 수도 있을 것이다. 여러 교사가 나눠 하거나 한 교사가 번갈아 하는 방식을 취하면 한 학교에서 두 가지 교수법을 사용할 수 있다.

불가능한 동시 시행

나는 한 명의 교사가 내용 전달과 역량 강화를 동시에 하는 것은 사실 불가능하다고 생각한다. 교사에게 자유로운 분위기 속에서 아이들의 역량을 강화시킬 수 있게 교과 내용을 전달해 달라고 요청하거나 교과 내용을 가르치면서 아이들의 역량을 길러 달라고 요청하는 것은 소용없는 일이다. 좌절이나 실패만 낳을 것이 뻔하다.

교사들은 두 가지 교육을 '혼합'할 것이 아니라 주어진 순간에 하나를 선택할 수 있어야 한다. 두 가지 교육이 혼합하거나 동시에 할 수 있는 것이 아닌 서로 별개의 것이라고 인정한다면, 내용 전달자에서 역량 강화자로 이행하거나 다시 거꾸로 돌아가기가 훨씬 수월할 것이다. 그렇게 해야 교사들은 자신이 하고 있는 일을 정확하게 알 수 있고, 어떤 주어진 순간에 무엇을 할지 결정할 수 있다. 그렇게 하지 않는다면 교사들뿐만 아니라 우리 모두 엄청난 혼란과 좌절감에 빠질 것이다. 사실 지금이 거의 그런 상태다. 어떤 때는 이론 중심으로 가르치고, 또 어떤 때는 역량 중심으로 가르치는 것을 '혼합형'이라고 한다. 혼합 방식이 효과가 있을 수도 있지만 두 가지 교육을 병행하는 것과는 다르다.

한 사람이 두 가지 일을 한다면 그 두 가지 일은 질적, 양적으로 항상 같지는 않을 것이다. 대개 어느 하나가 다른 하나보다 선호된다. 그러나 시간이 지나면 사람들은 새로운 역할에 익숙해지므로 선호하는 역할이 바뀔 수 있다. 그러므로 역량 강화자로 자리를 옮긴 많은 교사들이 이전으로 되돌아가는 일은 절대 일어나지 않을 것이다.

나는 교사들에게 역할을 바꾸기 전에 선택 가능한 두 가지 교육을 머릿속에 떠올려보기를 권한다. 한 가지 역할에서 다른 역할로 이동하려면 가르치는 것이 무엇인지에 대한 근본적인 태도 변화가 필요하다. 뿐만 아니라 역할 이행에 성공한 어느 교사가 말했듯이, 엄격한 학급 관리나 학생 행동 규제처럼 이론 중심 교육의 특징이 되는 많은 것을 과감히 벗어던져야 한다. 어려운 일이지만 분명 해내는 교사들이 있을 것이다.

지난 15-20년 동안 전통의 굴레를 벗어던지려는 시도가 있어왔고 많은 교사들은 '무대 위 박식한 지식 전달자'에서 '무대 밖 안내자'로 점점 바뀌고 있다. 이와 같은 변화를 통해 교사들은 학생이 학습 주체와 프로젝트 리더가 될 수 있도록 돕는 방법을 터득했다. 많은 프로젝트 기반 학습 PBL은 과도기적 범주에 속하지만 학생들에게 개인적인 자유와 책임이 더 많이 허용되기 때문에 역량 중심 교육으로 가는 첫 걸음이라고 볼 수 있다.

현재 실행되고 있는 PBL에서 교사들은 내용 기준에 맞추기 위해 거의 항상 정해진 교육과정의 틀 안에서만 학생들을 지도한다. 하지만 역량을 강화시켜주는 안내자의 역할을 맡았을 때는 많은 것에서 벗어날 수 있다. 모든 아이들이 다양한 시간에 다양한 방식으로 습득해야 할 기초적인 기량은 있지만 천편일률적으로 전달해야 하는 교과는 없다. 교사들은 학생들을 더 깊이 신뢰하고 학생들에게 더 많은 자유를 허용해야 한다. 학생들은 자신이 선택한 지역 문제나 사회 문제를 해결하면서 세상에 대한 정보와 기량을 얻을 것이다. 새로운 역할을 맡은 교사는 학생들에게 세상으로 나가는 문을 활짝 열어주고, 세상의 문제와 지식, 자원, 변화의 수단을 제공할 것이다.

역할 이행을 시작한 교사들은 결국 '교육과정 내부 가장자리에 서서 안내하는 사람'에서 '학생과 함께 자유롭게 활동할 수 있는 공간에서 학생의 역량을 강화시켜주는 사람'으로 진화해야 한다. 최종 목표는 모든 학생들이 앞장서서 프로젝트를 주도하고 교사는 효과적인 사고력, 행동력, 대인관계, 사회참여 역량을 강화시켜주기 위해 학생들이 사회 문제를 해결하는 것을 지원하는, 보다 유연한 체계를 만드는 것이다. 역할 이행을 더 빨리 하고 싶은 교사는 요일을 나누어 여러 교수 방식을 시도해도 좋으리라. 교직에 있는 내 친구 에스더 워짓스키Esther Wojcicki는 이른바 혁신적인 '문샷 먼데이Moonshot Mondays'라는 프로그램을 고안했다. 그녀에 대해서는 뒤에 다시 소개하겠다.

역량 강화자란

새로운 일을 시작하거나 새로운 역할을 맡기로 마음먹었다면 우리는 가장 먼저 그 일에 무엇이 수반되는지부터 따져볼 것이다. 역량 강화자는 정확히 어떤 일을 하는 사람인가?

역량 강화자로서 교사가 해야 하는 일은 유치원부터 고등학교까지 모든 과정의 아이들이 연속적이고 도전적인 사회 개선 프로젝트를 성공적으로 완수할 수 있게 하는 것이다. 프로젝트는 아이들 스스로 선택한 것, 학생 자신뿐만 아니라 사회 전체에도 이익이 되는 것, 학생들이 열정을 발휘하고 활용할 수 있는 것, 학생들의 능력을 신장시켜주는 것, 결과적으로 학생들을 세상을 바꿀 수 있는 유능하고 좋은 어른이 되도록 이끄는 것이어야 한다.

교사의 새 역할에서 흥미로운 점은 학생이 수행하고 있는 프로젝트의 '내용'에 관해 교사가 많은 것을 알지 않아도 된다는 것이다. 예를 들어 로봇 제작 활동을 지도하고 있는 초등학교 교사가 로봇공학에 대해 아는 것이 거의 없어도 된다. 그래도 학생들이 필요한 정보와 지식을 얻을 수 있도록 능숙하게 지도할 수 있고 어려움을 헤치고 목표를 실현할 수 있도록 도울 수 있다.

새로운 교수 학습에 대하여

현재 초·중등학교 교사 대부분이 이론 중심 방식의 수업을 하고 있고, 그들 역시 학생이었을 때 이론 중심 교육을 받았다. 그런 까닭에 역할 이행을 성공적으로 마친 교사들이 학생의 역량을 강화하는 새로운 역할에 대해 배우려면 다음 세 가지 일을 구별해야 하고, 뒤에서 교사들을 지원해주는 사람들도 도와줘야 한다.

1. 역량 강화자로서 하지 말아야 할 내용 전달 활동: '직접 지시' '내용

다루기' '지정 교육과정 순서대로 가르치기'가 포함된다. 물론 역량을 강화시켜주는 교사는 아이들이 프로젝트를 완수하고 사회참여를 실현하는 데 필요한 것을 대부분 스스로의 힘으로 배울 수 있게 옆에서 도와줄 수 있다.

2. **이론 중심 수업과 역량 강화 수업에 공통되지만 역량을 강화할 때 훨씬 더 많이 필요한 활동**: 주로 학생에 대한 교사의 행동과 태도를 말하는데, '문샷 먼데이'를 고안한 에스더 워짓스키는 신뢰(Trust), 존중(Respect), 독립성(Independence), 협동(Collaboration), 친절(Kindness)을 각각의 머리글자를 따서 TRICK이라고 표현했다. TRICK이 나타내는 행동들은 교사들에게도 유용하고, 이것이 없다면 역량을 길러주는 일은 불가능할 것이다. 이론 중심 수업을 하는 교사일지라도 내용을 전달하면서 TRICK 행동을 드러낸다면 역량 강화자 역할을 하게 되었을 때도 그런 태도를 계속 유지할 수 있을 것이다. 이론 중심 수업을 하면서 학생들에게 TRICK 행동을 많이 보이지 않는 교사가 역량 강화자가 된다는 것은 여간 어려운 일이 아니며 훨씬 더 많은 변화가 필요할 것이다.

3. **새롭게 역량 강화자 역할을 맡은 모든 교사가 배우고 숙달해야 할 활동**: 아이들이 자신의 장점이나 관심사에 적합한 프로젝트를 발굴해서 수행하고 열정을 충분히 발휘할 수 있도록 돕는 활동을 포함한다. 학생들이 프로젝트를 끝까지 완수할 수 있게 지도하는 것, 프로젝트 중간에 필요한 피드백과 도움을 주는 것, 그 과정에서 학생들이 무엇을 얻었는지를 파악하는 것, 아이들이 알맞은 목표를 향

해 나아가기만 한다면 중간에 수많은 실수와 오류가 있더라도 아이들이 원하는 속도로 진행하도록 허용하는 것을 포함한다. 뿐만 아니라 프로젝트를 수행하면서 효과적인 사고력 신장에 한정되지 않고 효과적인 행동력, 대인관계, 사회참여 실현에 필요한 기량을 쌓는 것도 포함한다.

역량 강화자는 지식 전달 위주의 이론 중심 수업을 하고 있는 교사들에게는 정말 새로운 역할이다.

내가 만난 역량 강화자

역량 강화자로서의 역할은 배우기 쉽지 않지만 그래도 이미 방법을 터득한 교사들이 많다. 내가 아는 교사 중에도 많다. 그러나 비교적 소수만이 그 일에 전념한다. 그 가운데 에스더 워짓스키는 학생 역량 강화 분야에서 오랫동안 최고의 교사로 평가받고 있는 인물이다.

에스더는 스탠포드대학교가 위치한 캘리포니아 주 팔로알토 시의 팔로알토 고등학교에서 31년 동안 국어와 저널리즘을 가르쳤다. 전업 교사로서 마지막 해가 될지도 모르는 한 해를 보내고 있는 에스더는 직접 주문 설계하여 건축한 아름다운 미디어아트센터Media Arts Center에서 근무하고 있다. 그러나 지금까지 교사로서 대부분의 시간을 반원형의 크고 눅눅한 가건물에서 보냈다. 그곳은 한 번 수업을 할 때마다 최대 80명까지 학생들이 들어찼고, 학생들을 위해 비치했거나 학생들이 직접 제작한 온갖 신문과 잡지들이 선반을 채우고 있었다.

에스더가 무슨 일을 하는지는 여러분이 직접 듣는 것이 좋을 것이다. 그녀가 만든 웹사이트 www.moonshotsedu.com이나 다른 온라인 경로로도 에스더의 동영상을 쉽게 찾아 볼 수 있다. 최근에 에스더는 자신의 수업 방식과 교육적 효과에 대한 설명을 담아《교육 혁신(Moonshots in Education)》[33]을 출간했다. 그녀의 교육 방법이 효과적이라는 제자들의 증언도 계속 이어지고 있는데, 가장 유명한 제자인 배우 제임스 프랑코James Franco가 한 말이 특히 인상적이다. "에스더 선생님은 꿈은 원하는 만큼 실현될 수 있다는 것을 몸소 보여주셨어요."

그것이 바로 역량 강화 역할을 맡고 있는 교사가 하는 일이고, 역량 강화의 본질이다.

두 번째로 소개하고 싶은 교사는 콜로라도 더글러스 카운티 공립학교에서 5학년을 가르치고 있는 제니 헨리Jenny Henry이다. 수년 동안 전통적인 지식 전달자의 역할을 해온 제니는 다른 교사들과 마찬가지로 이론 중심 교육 제도에 실망했고, 학생들이 더 성장할 수 있음에도 그만큼 성장하도록 지원하지 않는 전통적 교육 방식에 좌절감을 느꼈다. 그래서 제니는 여름 한 철을 앞으로 어떻게 해야 할지 고심하면서 보냈고, 그 결과 가을에는 학생의 역량을 강화시켜주는 교사로 거듭났다. 제니는 학생들이 수행하는 사회 개선 프로젝트가 교육의 중요한 부분이 되도록 수용하고 도와주는 역할을 하기 시작했다. 제니와 제니를 적극 지원해준 당시 교육감 엘리자베스 페이건Elizabeth Fagan 박사가 자랑스럽게 아이들을 무대 위로 데리고 올라가던 모습이 지금도 생생하다. 아이들은 신체장애 학생이 침대에 누워서도 수업에 참여할 수 있도록 도와주기 위해 직접 설계, 제작한 로봇 '조종 장치'를 소개했다. 역할 변화를 맞이하는 것이 "벼랑에서 뛰어내리는 것"과 같지만 "낙하산이 펴진다."라고 말한 교사가 바로 제니 헨리다. 그녀는 "내 자신을 변화시키는 데 여름 한 철밖에 걸리지 않았어요."라고 말한다.

세 번째로 소개하고 싶은 사람은 교사가 아니라 교사들과 밀접하게 협력하는 고위직 교육행정가다. 여러 지역에서 교육행정가로 성공적인 이력을 쌓은 뒤에 워싱턴 주 포트타운센드 교육감 직을 마지막으로 최근 교육계에서 은퇴한 데이비드 앵글David Engle이 주인공이다. 그는 교사들에게 이렇게 말한다. "여러분의 학생들이 모두 실질적인 사회 개선 프로젝트에 참여하고 있으면 좋겠습니다. 프로젝트 승인을 받으려면 여러분은 그 프로젝트가 우리 사회에 어떤 이익을 가져올수 있는지 보여야 합니다." 데이비드는 학교와 지역 사회를 연계시키고, 학생들이 사회 문제를 해결하는 프로젝트에 참여하도록 장려하는 일에 평생을 바쳤다. 그는 자신의 접근 방식으로 '길 잃은' 아이들에게 직접 닿을 수 있다고 말한다. 아무것도 관심이 없던 한 아이가 낡은 배를 복원하는 자원봉사 활동을 하면서 선박 기관실에서 자신의 열정을 발견했던 것처럼 말이다.

많은 자립형 사립학교는 오래전부터 지역 사회 봉사활동을 시행해 왔고, 이미 역량 중심 교육을 향해 움직이고 있다. 그런데 위에 소개한 세 사람 모두 공립학교에서 근무하거나 공립학교 교육과 관련 있다는 점은 더더욱 주목할 만하다.

역량 강화자가 되어야 하는 이유

현재 교육 일선에 있는 거의 모든 교사들은 내용 전달자의 역할을 하고 있다. 대부분이 내용 전달에 능숙하고, 전통적인 교육에서 요구하는 것을 제공하는 방법을 알고 있다. 다시 말해, 내용을 전달하고, 학급을 통제하고, 성적이나 졸업 등수로 정의되는 학생들의 '성과'를 향상시키는 법을 잘 알고 있다. 이론 중심 수업만 하다가 학생의 역량을 강화시켜주는 교육을 해야 한다면 교사들은 어떻게 생각할까? 새로운 역할을 배우려고 할까?

물론 어떤 교사들은 새로운 흐름을 거부하면서 미래를 향해 나 있는 길에 발을 내디디려 하지 않을 것이다. 교직에 머무는 동안 이론 중심 교육을 원하는 학생과 부모들을 위해 계속해서 내용 전달자 역할을 수행할 것이다. 역량 강화 교육의 결과로 더 만족스러워하는 학생과 학부모의 모습을 보여주거나 새로운 역할을 받아들인 동료 교사의 경험을 들려주는 것 외에 이들에게 영향을 줄 수 있는 방법은 없다. 하지만 교사들은 학문만 강조하는 교육에 갇혀 있는 아이들이 성적 문제가 아니라 미래를 대비하는 문제로 고통을 겪으리라는 것을 깨달아야 한다.

나는 이론 중심 수업을 하고 있는 많은 현직 교사들이 앞으로 나아갈 수 있는 기회를 얻은 것에 감사하고 매우 기뻐하리라 확신한다. 이제 지식 전달만 하는 것에 실망하고, 아이들에게 더 도움이 될 만한 교육을 하고 싶어 하는 교사가 정말 많다. 게다가 이제 막 교직을 시작한 신규 교사들도 과거에 자신들이 받았던 교육을 되풀이하고 싶어 하지 않는다. 많은 교사들이 새로운 경로를 찾아 나서고 있다. 더 나은 세상을 만들 수 있도록 학생들의 역량을 강화시켜주는 일은 내용을 전달하거나 시험 성적을 높이는 것과는 사뭇 다르다. 세상의 많은 교사들은 틀림없이 학생의 역량을 강화시켜주는 일을 아주 매력적으로 생각할 것이다.

어떤 교사에게는 역량 강화자로서 역할이 전혀 새로운 것이 아닐 수도 있다. 이론 중심 교육 제도에 속해 있더라도 스스로 학생들의 역량을 강화시켜주는 일을 하고 있는 교사들이 많다. 앞에서 언급한 세 교육자 모두 이에 해당한다. 에스더 워짓스키는 "다양한 환경이나 관계에 있는 아이들에게 역량을 길러주고 강화시켜주는 것이 내 평생의 사명이었고 내 삶의 열정이었다."라고 말한다. 자처해서 기술 역할을 하고 있는 교사들은 학생들이나 심지어 다른 교사의 역량을 강화시켜주는 것이 자신이 해야 할 일이라 생각한다. 이렇게 역량 강화자로서 생각과 행동 면에서 이미 달라지기 시작한 교사들을 가리키는 구체적인 명칭을 만들어 그 이름으로 부른다면 미래를 향해 내딛는 환영할 만한 발걸음이 될 것이다. 이들 교사들은 역량 강화 역할을 지원해줄 학교와 교육행정가를 벌써부터 찾고 있는 중이다.

교육대학이나 사범대학, 교사연수 프로그램도 빼놓지 말고 생각해보자. 교사 교육기관도 교육 내용을 바꿔 이제 지식 전달 방법이 아니라 역량을 강화시켜주는 방법을 가르치기 시작해야 한다. 교육대학이나 사범대학은 대체로 보수적인 편이지만 스탠포드 대학교처럼 새로운 교육방향을 추구하고 있는 대학들이 생기고 있다. 교사의 역량 강화 역할이 교사 양성이나 연수 프로그램에 더 일찍 반영되고 역량 강화자의 역할을 하고 싶어 교직에 들어오는 시기가 빨라진다면 상황은 더 좋아질 것이다. 나를 비롯한 많은 사람들은 교사 양성에서부터 변화를 촉진할 수 있으리라 기대할 것이다.

변화 장려책

전통적인 이론 중심 교육에서 가장 안타까운 것 중 하나는 교사가 되기로 결심한 많은 사람들에게 일어나고 있는 문제이다. 요즘 같은 변화의 시기에 내용 전달과 '학업 성취 향상'을 책임지라는 요구는 새로운 교육을 통해 진정으로 아이들을 돕고 싶어 하는 혁신적인 사람들을 기존 규정과 교육과정을 따르는 사람으로 바뀌게 만든다. 아이들을 위해 옳다고 믿는 것을 과감하게 시도했다가는 일자리를 잃을 수 있다는 두려움 때문이다.

변화를 일으키려면 노력이 필요하고, 일반적으로 그런 노력을 발휘하기 위해서는 보상이 필요하다. 단기적이든 장기적이든 사람들이 가치 있게 여기는 것을 제공해야 한다는 말이다. 대부분의 사람들과 마찬가지로 교사들도 무엇보다 업무 만족, 편안함, 금전적 보상을 중요하게 여긴다. 그들 역시 이런 보상을 얻기 위해 보통 이상의 노력을 마다하지 않는다. 이론 중심 교육 제도에서는 일반적으로 학위가 높은 교사에게 더 많은 급여를 지급하므로 꽤 많은 교사들이 학생을 가르치면서 자신의 공부를 계속하고 있다.

학생 역량을 강화시켜주는 역할을 한다면 교사의 급여도 올라갈까? 결코 확답할 수 있는 질문은 아니지만 더 나은 세상 만들기 교육은 실질적이고 주목할 만한 방식으로 세상을 개선할 것이다. 더 나은 세상 만들기 교육에 대한 투자로 부가가치가 생기는 것을 눈으로 확인한다면 역량 강화 역할을 수행하는 교사들을 더 높이 평가하고 더 높은 급여를 지불하기 시작할 것이다. 이미 몇몇 실험적인 사립학교에서는 역량을 강화시켜주는 역할을 하는 교사에게 보수를 더 지급하고 있다.

내용 전달에서 역량 강화로 역할이 바뀌면서 교사들의 급여가 올라갈지 어떨지는 아직 추측만 할 뿐이다. '교사들의 가치는 지금 받는 보수보다 더 높다'고 계속 주장한다고 실제로 교사의 급여가 올라가는 것은 아니다. 이런 식의 주장은 별 효과가 없다. 오히려 역량을 기른 아이들이 세상에 부가가치를 더 많이 만들어내기 때문에 교사가 내용 전달자 역할을 할 때보다 역량 강화자 역할을 할 때 더 많은 보상을 제공해야 한다는 주장이 더 타당하다.

만약 역량 강화 역할을 맡았을 때 교사의 업무 환경이 더 좋아진다면 이것 역시 강력한 보상이 될 수 있을 것이다. 교사들이 역량 강화자라는 새로운 역할을 이해하고 받아들인다면 실제로 업무 환경이 개선될까? 대답은 '그렇다'이다. 다만 많은 노력이 투입되고 난 이후 장기적으로 봤을 때 그렇다. 무엇이든 새로운 일을 배우려면 노력이 필요하다. 대부분의 사람들에게 그것은 쉬운 일이 아니다. 그러나 초기 노력 단계가 끝나면 역량 강화자로서 학생을 지도하는 일은 지식 전달자로서 가르치는 일보다 수월할 것이다. 매일 교실 앞에 서서 몇 시간 동안 '지시'를 내리지 않아도 되고, 매번 시험지를 채점하지 않아도 되고, 일일 수업계획안을 준비하지 않아도 되므로 여유 시간이 많아질 것이다. 물론 그 시간에 해야 할 일도 많이 있겠지만 교사들은 단연 덜 힘들다고 생각할 것이다.

세 번째 보상은 많은 사람들이 가장 중요하다고 생각할 만한 높은 업무 만족이다. 직장생활이 더 재미있고, 더 신나고, '정신적으로' 더 보람 있게 느껴져야 한다는 말이다. 학생 역량을 강화시켜주는 교사가 되면 십중팔구 높은 만족감을 느낄 것이다. 아이들이 직접 선택한 프로젝트에 열정을 충분히 발휘해 완수할 수 있도록 지도하는 일은 흥미 없는 과목을 공부시키는 일보다 훨씬 재미있고 신나고 보람되다. 대부분의 교사들은 학생들이 점수 몇 점 올리는 것보다 실질적인 사회 개선 프로젝트를 수행하도록 돕고, 그 과정에서 아이들이 자신감을 얻는 모습을 보는 것에 더욱 만족스러워한다. 학생 역량을 강화시켜주는 교사가 되었을 때 업무 만족감이 높아지는 주된 이유는 지식 전달자의 역할보다는 역량 강화자의 역할이 진정으로 세상을 바꾸는 일이며, 그 효과를 바로 보고 느낄 수 있기 때문이다.

변화에 대한 가장 설득력 있는 주장

최고의 교사들은 항상 학생들을 가장 먼저 생각하고 학생들의 실질적 요구에 가장 큰 관심을 쏟는다. 그러므로 교사가 학생의 역량을 강화시켜주는 역할을 해야 한다는 주장에 가장 큰 힘을 실어주는 말은 '아이들이 진정으로 원하기 때문'이라는 말일 것이다.

교육을 받았음에도 자기만의 기량을 사회참여에 실질적으로 적용하는 법을 습득하지 못하거나, 사회참여 실현을 이룬 전력이 없거나, 숙련된 사고력뿐만 아니라 사회에서 성공하기 위해 필요한 행동력, 대인관계 능력, 사회참여 실현 능력을 숙달하지 못하거나, 사회와 조직의 바람대로 세상을 바꾸는 유능하고 훌륭한 시민이 되지 못하거나, 새로운 기술사회에 적응하고 공존하지 못한다면 아무리 수학, 언어, 과학, 사회 과목의 학문적 지식을 많이 배우고 알고 있다고 하더라도 미래 사회에서 성공할 확률은 매우 희박하다.

교육자로서 어떻게 이런 요구들을 충족시키지 않을 수가 있겠는가! 사회 구성원으로서 우리는 이런 교육 변화에 대한 요구와 그에 따른 교수학습법의 변화로 사회의 미래와 아이들의 미래가 위태로워지는 것을 그냥 내버려둘 수 없다. 만약 모든 교사들이 평생 해왔고 훌륭하게 할 수 있다고 해서 지금까지의 방식대로 내용 기반 이론 중심 교수법을 고수하도록 내버려둔다면 어른 아이 할 것 없이 모든 사람이 큰 고통을 받게 될 것이다. 내용 전달식 이론 중심 교육이 대학에 진학하거나 사회에서 성공하는 데 즉각적인 도움이 될 것이라는 주장만으로는 설득력이 부족하다. 이제는 그 말이 사실이라 하더라도 그 효과가 오래가지 않을 것이다. 교육계와 교사는 학생의 역량을 강화시켜주는 역할을 받아들이고 새로운 세상에 최대한 빨리 적응해야 한다.

역량 강화자가 되는 법

여러분이 내용 전달자에서 역량 강화자로 역할을 바꾸고 싶어 하는 교사라고 해보자. 여러분은 무엇을 할 수 있고 무엇을 해야 할까? 또 어떤 과정을 거쳐야 할까?

다행히 교사들의 이 같은 역할 이행을 돕기 위한 단체들이 등장하기 시작했다. 그중 하나가 에스더 워짓스키의 문샷에듀MoonshotsEDU (www.moonshotsedu.com)이다.

여러분이 교사로서 새로운 교육을 지향하고자 한다면 눈앞에 장벽이 놓여 있을지 모른다는 현실을 직시해야 한다. 그리고 그 장벽이 무엇인지 안다면 보다 쉽게 극복할 수 있을 것이다.

첫째 장벽은 교육에 대한 사회적 통념이다. 이론 중심 교육을 하는 교사라면 아이들에게 필요한 것이 무엇이라고 생각하든, 아이들을 돕기 위해 어떤 철학을 가지고 있든, 부임 첫날부터 교사의 일차 업무는 지식을 전달하는 것이라는 말을 들었을 것이다. 대부분의 다른 교사들과 마찬가지로 다른 주요 업무는 학급 관리(무슨 과목이든 아이들이 할당받은 과제를 조용히 수행하도록 만드는 것)와 학업성취 향상(아이들의 성적이 오르도록 만드는 것)이라는 설명도 들었을 것이다. 최근에는 '단련된 사고력'이라고 하는 기량에 더 집중해야 한다는 말을 듣고 있을 것이다. 그러나 교육은 이처럼 판에 박힌 사회적 통념보다 훨씬 더 많은 것을 포함한다. 여러분은 이런 사회적 통념에 맞서 싸워야 하고, 학생에 대해 여러분이 설정한 목표는 사회참여 실현에 있음을 명심해야 한다.

둘째 장벽은 동료 교사와 행정당국으로부터의 압력이다. '다른' 생각을 지닌 많은 신규 교사들은 부임 초기 몇 년 동안 다양한 방식으로 기존 제도에 순응하라는 압력을 받는다. 이런 압력에 견딜 수 있도록 도우려면 많은 네트워크와 지원 체계가 확보되어야 한다. 다행히 도움을 줄 수 있는 많은 기술들이 개발되어 있다. 예를 들어 역량 강화를 담당하는 교사를 위한 온라인 지원 단체가 전 세계적으로 생기고 있다.

셋째 장벽은 이상과 현실 사이의 괴리감을 경험한 많은 교사들이 (아마 대다수의 교사들이) 변화를 이끌 수 없다는 무력감에 빠져 있다는 것이다. 특히 공립 초·중등학교에서 이런 현상을 자주 볼 수 있다. 최근 실시한 조사에서 거의 모든 나라의 교사들이 '제도'의 벽에 부딪쳐 무력감을 느낀다고 응답했다. 어느 지역이든 교사들은 어김없이 이렇게 말한다. "네, 저도 변화의 필요성을 느낍니다. 선생님의 의견에 상당히 동의합니다. 하지만 제가 무엇을 할 수 있겠어요? 교육과정이 주어지면 그냥 맞춰서 가르쳐야 합니다." 교사들의 머릿속에는 "네, 그러나……"라는 생각이 쓸데없이 너무 많이 들어 있다. 나는 교사들이 그들 자신이 생각하는 것보다 훨씬 강력한 힘을 가지고 있다고 확신한다.

교사들이 반드시 극복해야 할 마지막 장벽은 학부모의 압력이다. 정말로 많은 학부모들이 오늘의 교육 변화가 아이들에게 도움이 아니라 오히려 해가 될까 두려워한다. 이런 두려움은 위협적인 장벽으로 작용할 수 있다.

그렇다면 진보적인 교사는 어떻게 해야 하나? 당연히 이 장벽들을 극복할 수 있는 방법을 찾아야 한다. 그리고 다행히 우리는 그 방법을 찾았다.

장벽 뛰어넘기

장벽을 뛰어넘기 위한 첫 단계는 '내용 전달자'와 '역량 강화자'가 서로 완전히 다른 역할임을 인지하는 것이다. 내용 전달자가 역량 강화자가 되고 싶다면 적어도 세 가지 중요한 일을 해내야 한다.

첫째, 역량 강화자가 갖춰야 할 기량과 역할에 대해 배워야 한다. 즉, 역량 강화자가 어떤 사람이고 어떤 일이 수반되는지 모두 알아야 한다. 세미나와 웹사이트를 이용하면 어느 정도 가능하다. 아마 머지않아 대학교나 대학원에서도 역량 강화 역할을 가르치는 프로그램이 생길 것이다. (물론 '역량을 강화시켜주는 일'을 위한 '이론 중심 강좌'가 개설된다는 것은 역설적이지만, 앞으로 점차 문제를 해결해 나가야 한다.)

둘째, 역량 강화자로 역할을 전환하고 싶은 교사는 그들의 교육 방식을 지원해줄 교육행정가를 적어도 한 명은 확보해야 한다. 행정적 뒷받침 없이 새로운 교육을 실행한다는 것은 매우 어려운 일이며 어떤 경우에는 불가능하다. 앞서 소개한 데이비드 앵글 같이 역량 중심 교육을 지원해주는 교장이나 교육감이 있다면 아주 다행이다. 극단적인 경우에는 행정적 지원을 해줄 교장이나 교육감을 찾아 근무지를 바꿀 결심을 해야 할지 모른다. 그러나 충분히 감수할 만하고 가치가 있는 결정이다.

셋째, 학생의 역량을 강화시켜주는 교사가 되려면 실천이 중요하다. 에스더 워짓스키는 교사들에게 새로운 역할과 기존 역할을 요일을 정해 서로 번갈아 해보면서 "조심스럽게 물에 발을 담가보라."고 제안한다. 예를 들어 일주일에 하루는 아이들에게 프로젝트를 수행하게 하면서 역량 강화자 역할을 해보는 것이다. 교사들이 학생, 행정가, 더 나아가 학부모들과 적절한 대화를 나눈다면 일주일에 하루는 교실 수업 대신 실질적인 사회참여 프로젝트를 실행하는 교육 프로그램을 시작할 수 있을 것이다. 이것은 직원들에게 각자 좋아하는 프로젝트를 수행하도록 허용하는 구글의 '20% 타임제'에서 영감을 얻어 만든 것이다. 에스더는 학생들이 주말보다 주초에 활동하기를 좋아한다는 사실을 고려해 '문샷 먼데이'라는 이름을 붙였다. 학생들은 원하는 만큼 교실 밖 프로젝트를 계속 진행할 수 있으므로 일 년 중 단지 하루 특별한 날을 기다리는 것이 아니라 일주일에 한 번씩 역량이 강화되는 날을 고대할 수 있다. '문샷 먼데이'를 실행하기 위해 에스더는 현재 많은 실험적 방법을 감안하면서 계속해서 내용 전달을 허용하는 방안을 찾고 있다.

역량을 강화시키는 교사가 될 수 있는 보다 적극적인 방법도 있다. 이미 학생들의 역량 강화를 교육목표로 삼고 있는 학교를 찾아 새로운 일자리가 있는지 알아보는 것이다. 이미 세계 곳곳에서 학생 역량 강화를 목표로 실질적인 사회참여 프로젝트 기반의 교육을 추구하는 사립학교들이 등장하고 있다. 심지어 역사적 전통을 자랑하는 IB 프로그램(International Baccalaureate, 대학수업을 위한 중등교육 과정을 국제적으로 표준화한 프로그램-옮긴이)을 운영하는 학교들도 많은 프로젝트와 역량 강화 프로그램을 추가하고 있다. 이들 학교 홈페이지에 들어가보면 '더 나은 세상 만들기 교육'이라는 말이 표어로 걸려 있다. 샌디에이고 하이테크하이 학교와 같은 공립 차터스쿨도 사회참여 프로젝트를 전보다 더 많이 교과과정에 포함시키고 있다. 미국(워싱턴 주 포트타운센드의 사례)뿐만 아니라 세계 다른 지역에서도 이런 흐름에 동참하는 공립학교가 나날이 늘어나고 있다. 대표적인 예가 핀란드의 드림두스쿨Dream Do Schools(교실에서 프로젝트 기반 학습을 시행하고 공유하는 핀란드의 학교 교육 사업-옮긴이)이다.

새로운 세상의 두드러진 특징 중 하나는 사람들의 이직률이 높다는 것이다. 특히 교직의 경우 중간에 그만두는 비율이 높다. 따라서 한 세대를 가르치고 그다음 세대까지 가르치는 교사의 비율이 매우 낮을 것이라 짐작할 수 있다. 비록 과거와의 연속성을 완전히 잃어서는 안 되지만 높은 이직률이 우리에게 제공하는 새로운 기회는 어마어마하다. 신규 교사나 경력 교사들이 지금까지 해오던 일을 더 잘하기 위해 심지어 기술에 기대어 계속 지식 전달자로 남는다면 아마 그런 기회를 가장 쉽게 날려버리는 방법이 될 것이다. 반대로 교직을 그만두지 않고 교단에 남아 있는 교사들과 미래의 교사들을 역량 중심의 더 나은 세상 만들기 교육으로 안내한다면 그 기회를 가장 잘 활용할 수 있을 것이다.

많은 학교와 교사들이 하루아침에 모든 계획을 완전히 바꾸는 것은 불가능할 것이다. 그러나 국가적, 지역적 차원에서 교육당국이 역량 강화를 담당할 예비교사 양성 프로그램을 실시하고, 매우 효과적인 신기술 활용에 힘입어 새로운 목표(세상을 더 나은 곳으로 만들기)와 새로운 수단(실질적인 사회참여 실현), 새로운 지원 교육과정(효과적인 사고력, 행동력, 대인관계, 사회참여 실현 능력을 지원하는 프로그램), 새로운 교사 역할(학생 역량 강화)을 포함하는 더 나은 세상 만들기 교육을 구체화하고 빠른 시일에 시행한다면, 그 효과는 상상을 초월할 것이다.

새로운 교육 패러다임과 방안들은 교사 교육과 직무 연수의 시작 단계부터 도입되어야 한다. 교사들이 자신이 학생이었을 때 받은 교육과 같은 종류의 교육을 기반 삼아 학생들을 가르치는 일이 더는 되풀이되어서는 안 된다. 그렇게만 된다면 신규 교사들이 거꾸로 선배 교사들을 도와줄 수 있고, 서로 알고 있는 것을 공유할 수 있을 것이다. 어떻게 하면 최선의 교육을 실현할 수 있을지 논의할 때 처음부터 학생들도 참여시켜야 한다.(이 책에 실린 새로운 아이디어 상당수가 사실 학생들에게서 나온 것이다.) 정치가나 행정가들은 기존 방식이 아닌 새로운 패러다임과 접근법이 장기적으로 국가 경제 발전에 도움이 된다는 점을 분명히 인식해야 한다. 뿐만 아니라 서로 협력해서 현직에 있는 교사들이 '역량 중심 더 나은 세상 만들기 교육'을 할 수 있도록 교사 연수 기회를 제공하고 역량 강화자로서의 자격을 인정받을 수 있는 길을 제시해야 한다.

새 역할을 담당할 교사들이 준비되는 만큼 국가나 교육구들은 새로운 패러다임을 기반으로 한 학교를 신설해야 한다. 부모들이 자녀를 입학시키려고 경쟁하고, 아이들이 앞다퉈 수업 받고 싶어 하는 학교를 만들어야 한다. 미국에 새로 등장한 차터스쿨이나 다른 지역의 사례를 보면 대부분 이론 중심 교육을 변형해서 가르치고는 있지만, 어쨌든 새로운 유형의 공립학교를 세우는 것이 전혀 불가능한 일은 아님을 알 수 있다.

이제 우리는 교사, 학생, 학부모, 정치가뿐만 아니라 모든 사람이 역량 중심의 더 나은 세상 만들기 교육으로 이동하는 것에 신이 나도록 만들어야 한다. 그렇지 않으면 세상을 바꾸는 새 교육을 실현하기까지 너무 오랜 시간이 걸릴 것이다. 그것은 우리 아이들과 사회 전체에 손해이다.

12장

변화는 일어날까?

변화가 일어나는 속도도 상당히 빨라졌다. 수세기 또는 수십 년이 걸리던 문화적 변화가 요즘은 몇 년 사이에 일어나기도 한다. 더욱이 기술 덕분에 변화 속도는 더욱 빨라지고 있다.

| 많은 사람들이 다가오고 있는 교육 변화에 대해 비관하지만 나는 낙관한다. 변화가 반드시 필요하고 새 교육의 로드맵이 이미 명확히 그려져 있기 때문에 생각보다 일찍 새 교육을 실현할 수 있으리라 믿는다.

극심한 좌절감

세상은 현행 교육제도에 깊은 좌절감을 느끼고 있다. 세상 곳곳의 많은 청소년들에게 이론 중심 교육을 전파하려고 막대한 노력을 들였고 그 결과, 다는 아닐지라도 많은 경우가 잠시나마 성공적이었기 때문에 오히려 지금은 이론 중심 교육이 전만큼 효과적이지 않은 것처럼 보인다. 더욱이 한때 세상을 발전시키고 사람들의 삶을 개선하는 데 발휘했던 힘을 이제는 많이 상실한 것처럼 보인다. 대부분의 사람들은 세상이 변하고 있음을 인지하고 교육도 달라진 세상에 맞춰 변해야 한다고 생각한다. 그러나 막대한 노력을 들였음에도 교육의 근본적인 변화는 굉장히 느리게 일어나고 있고, 어떤 때는 아예 일어나지 않는 것처럼 보인다. 어떤 사람들은 현행 교육제도가 과거에 거둔 성공을 보호해주는 방벽이라고 생각하기 때문에 교육이 바뀌는 것을 소리 높여 반대한다. K-12 교육에 의미 있는 변화가 눈에 띄게 생기는지 궁금해 하는 사람들도 아주 많다.

세계의 초·중등교육은 새로운 상황과 아이들의 달라진 역량을 고려하는 새로운 교육 모델로 바뀌게 될까? 우리는 그런 변화가 일어나도록 도울 수 있을까? 아니면 우리가 바라는 것만큼 효과적이지는 않더라도 구시대적 이론 중심 교육을 고수하면서 점진적으로 개선시키는 것이 우리가 할 수 있는 최선일까? 많은 사람들이 이 문제로 고심하고 있고, 문제를 해결하기 위해 이미 많은 돈을 들인 사람들도 있다. 어떤 경우에는 돈을 날리거나 허비하기도 한다. 분명한 것은 엄청나게 많은 시간과 에너지가 교육 변화에 쓰이고 있다는 것이다.

공통된 비전

지금까지 교육 변화에 대한 논의를 하면서 우리는 중요한 것 하나를 빠트리고 있었다. 아직까지는 비교적 소수의 사람만이 깨닫고 있는 것이지만, 이제 책의 끝부분에 이르렀고 논의를 마무리할 때가 되었으니 그것이 무엇인지 분명히 밝히고 집중적으로 다루고자 한다.

지금까지 논의에서 빠진 것은 달라진 미래의 K-12 교육이 어떤 것이어야 하는지에 대한 비전 공유이다.

만일 B라는 대안이 있다면 "더 이상 A가 필요하지 않다."라고 말하기 훨씬 쉽다. 현행 이론 중심 교육의 대안이 많은 사람들이 닿고자 하는 더 나은 세상에 대한 확고한 비전을 제시할 수 있다면, 사람들이 그곳에 도달할 수 있도록 돕기가 더 수월할 것이다. 최근까지 더 나은 세상에 대한 공통된 비전은 존재하지 않았다. 여기저기 흩어져 있는 부분적이고 개별적인 대안적 비전이 있었을 뿐이다. 세상에서 가장 중요한 변화에 적응하기 위한 대응으로 새 교육의 비전이 윤곽을 드러냈고, 그 비전에 다양한 사람들의 생각과 구체적인 계획이 추가되어 융합되기 시작했다는 점에 주목해야 한다. 그래서 나는 지금까지 교육에 대한 새로운 비전에 초점을 맞추었고, 그것에 독자들의 관심을 집중시키려 했다.

변화를 일으키는 것

세상이 뒤집힐 만한 사건 때문에 생기는 변화를 제외한 대대적인 사회 변화는 점진적으로 일어난다. 상황 요소들이 서서히 바뀌고 사람들도 서서히 변화에 적응한다. 결국에는 대대적인 변화라 일컬어지는 것도 대개 처음에는 개인이나 소집단에 의해 주변부에서 시작되어 서서히 지지자들이 모이고 성공이 쌓이고 탄력이 붙으면서 결정적인 '분기점(tipping point)'에 도달하게 된다.

　인류학자 마가렛 미드Margaret Mead는 이런 유명한 말을 남겼다. "생각이 깊고 헌신적인 소규모 시민집단이 세상을 바꿀 수 있다는 것을 결코 의심하지 마라. 사실 지금까지 세상을 바꾼 것은 이런 소수의 시민집단이었다." 오늘날 교육 분야에도 각기 나름의 방식으로 변화를 이끌려고 노력하는 '생각이 깊고 헌신적인 소규모 시민집단'이 있다. 변화가 일어나는 속도도 상당히 빨라졌다. 수세기 또는 수십 년이 걸리던 문화적 변화가 요즘은 몇 년 사이에 일어나기도 한다. 더욱이 기술 덕분에 변화 속도는 더욱 빨라지고 있다.

그렇다면 K-12 교육에도 변화가 일어나게 될까? 만약 일어난다면 얼마나 빨리 진행될까? 여러 분야에서 변화에 대한 저항이 거세게 일고 있다는 것을 우리 모두 잘 알고 있다. 그런 저항에도 불구하고 의미 있는 변화가 일어나고 있는 것일까? 누구나 좌절을 겪지만 어쨌든 교실 안팎에서는 변화를 위한 다양한 시도가 벌어지고 있다. 각양각색의 시도를 하지만 공통된 성질을 가지고 있기 때문에 생각보다 많은 변화가 일어나고 있는지도 모른다. 그 결과, 현재 보편적으로 시행되고 있는 이론 중심 교육과는 여러 가지 측면에서 근본적으로 다른 새로운 K-12 교육 모델이 떠오르기 시작했다. 하지만 근본적으로 달라진 새 교육이 어떤 것인지 아직까지 뚜렷하게 규정되거나 명칭이 정해지지 않았으며, 일반적인 이해를 얻지도 못했다. 나는 이 책을 통해 문제가 해결되기를 바란다.

변화의 공식

세상에는 구조적 변화를 위한 프로그램이 얼마나 성공할 수 있는지 가능성을 평가하는 공식이 있다. 1960년대 초 데이비드 그레이처David Gleicher가 처음 고안한 것을 1980년대에 케시 대너밀러Kathie Dannemiller[34]가 아서디리틀Arthur D. Little[35]에 재직하는 동안 재정비해서 만든 것이다. 종종 '변화 공식'이라고 불리기도 하지만 과학적 의미에서 항상 작용하는 자연법칙에 관한 공식이 아니라 하나의 변화 모델이다. 추상적이고 상당히 단순화된, 다소 은유적인 관점에서 변화 유발 요인을 살피는 여러 변화 모델 중 하나다. 어떤 사람들은 이 모델이 단순하다고 말하지만 교육에 적용하면 우리의 사고에 도움이 되리라고 본다.

이 공식에 따르면 현재 상태에 대한 굉장히 큰 불만이 있거나 변화가 시급하다는 데 구성원 대부분이 동의하더라도 변화가 실제로 일어나려면 여기에 다른 두 가지 요소가 더 있어야 한다. 그 세 요소가 결합되었을 때 변화가 일어날 수 있고 변화를 꺼리는 인간 본질적 저항을 극복할 수 있다는 것이다.

- 현재 상황에 대한 불만(Dissatisfaction)
- 미래에 무엇이 가능한지에 대한 공통 비전(Vision)
- 비전을 위한 구체적인 시작 단계(First concrete steps)

이 세 요소가 결합되면 변화에 대한 저항을 이겨낼 만큼 강해진다. 불만을 D, 비전을 V, 시작 단계를 F, 저항을 R이라 하고 이 관계를 수학적으로 표현하면 다음과 같다.

$$D \times V \times F > R$$

공식에서 각 요소들을 곱한다는 것은 만약 한 요소가 빠지면 곱은 0

이 되므로 변화에 대한 저항을 이겨낼 수 없다는 것을 의미한다.

공식 적용하기

사람들은 교육 변화에 대한 저항인 R의 벽이 높고 극복하기 어렵다고 생각할 것이다. 이 문제에 대해 깊이 다루지 않겠다. 하지만 변화 공식의 각 항을 하나씩 살펴본다면 저항을 극복하는 과정에 어떤 장애물이 있는지 쉽게 이해할 수 있을 것이다.

불만 요소

우리는 현행 K-12 교육에 대한 불만이 상당히 높고 점점 심해지고 있다고 어느 정도 확신 있게 말할 수 있다. 학생들은 여론조사나 인터넷 동영상,[36] 특히 자발적 불참(몰입하지 않거나 중도에 포기하는 것)으로 자신들의 불만을 표출하고 있다. 교사들은 블로그나 교원단체를 통해 불만을 표현하거나 사직서를 내거나 조기 퇴직을 한다. 불만이 있는 행정가들은 계속 새로운 시험 프로그램에 지원을 해주거나 근무지를 자주 옮긴다. 정치인들은 개혁의 필요성을 강조한다. 자선가나 자산가들은 변화를 위한 대규모 투자를 한다. 다는 아닐지라도 꽤 많은 전 세계의 교육 관련 서적이나 기사, 강연에 이런 불만이 반영되고 있다.

비교적 소수이더라도 교육적으로 성공한 학생, 교사, 학교, 심지어 몇몇 국가의 실제 사례가 있음에도 불구하고 교육 참여에 소극적으로 변하는 학생들이 점점 늘고 있다. 학생들의 학업 성취가 우리가 정한 평가 기준을 만족시키지 못했다는 이유로 '실패한' 학교라고 평가받는 곳도 많다. 우리는 아이들에게 필요한 핵심 기량을 가르치고 학생들은 그것을 배워야 하지만 현실은 그렇지 않다. 우리는 교육에 대한 지원과 자금이 부족한 경우를 종종 본다. 평가 잣대가 아니라 지지대가 되는 개혁들도 있다. 새로운 프로그램과 기술은 단지 새로운 방식으로 기존의 것을 반복하고 있고, 교육의 주류는 진화하고 있지 않다. 이처럼 교육에 대한 실망감을 나열한다면 끝이 없을 것이다. 그러므로 불만을 나타내는 D의 값은 굉장히 크고, 앞으로도 계속 커질 것이다.

나머지 요소들은 어떨까?

시작 단계 요소

교육개혁이라 불리는 것 대부분이 기존 교육제도를 벗어나지 않는 점증적인 변화임에도 불구하고 최근 몇 년 사이 세계 곳곳에서 더 나은 미래를 향한 첫걸음을 내딛기 시작했다. 새로우면서 더 나은 교육 모델을 구성하는 요소들이 무엇이고 어떤 특징을 지녀야 하는지 다양한 방식으로 보여주는 학교와 방안들이 생겨났다. 그중에는 비키 콜버트Vicky Colbert의 에스큐엘라 누에바Escuela Nueva 학교와 같이 빈곤 국가에서 벌어지고 있는 교육 변화도 포함된다. 샌디에이고 하이테크하이 고등학교나 실리콘밸리 서밋 퍼블릭 스쿨 같은 특정 차터스쿨과 워싱턴 주 포트타운센드와 콜로라도 더글러스 카운티 같은 공립학교에서 일어나고 있는 움직임도 그런 시작 단계에 해당된다. 실리콘 밸리의 앨트스쿨, XQ를 포함해 전 세계에 새로 생겨난 새로운 형태의 학교나 IB 프로그램과 같은 사립학교에서 오랫동안 사용하고 있는 프로그램, 사립학교뿐만 아니라 공립학교 내에서 실시하는 개인별 사회참여 활동 프로그램도 모두 포함된다. 교사 개인이 학급 내에서 변화를 일으키는 것과 '인성교육'과 '전인교육' 운동처럼 교육과정 변화를 제안하는 움직임도 모두 시작 단계에 포함된다.

현재로서는 이와 같은 갖가지 형태의 시작 단계를 하나로 통합하는 시스템이 없다. 그러나 중요한 것은 시작 단계 각각의 세부 내용이 무엇이냐가 아니라, 이론 중심 교육을 벗어나 새로운 방향을 향해 내딛는 걸음이 많다는 것이다. 물론 그중 대부분은 아직 계획 단계에 있거나 이제야 막 시작한 것이지만, 이 책에서 주목하는 것은 세부적인 계획이 아니라(세부적인 내용은 다음에 출간할 책에서 다룰 예정이다.) 비전을 위해 얼마나 많은 수의 시작 단계가 착수되고 있느냐이다. 분명한 것은 변화 공식의 세 번째 항목인 F(시작 단계)가 양의 값을 가지며, 그 값이 점점 커지고 있다는 사실이다.

지금까지 없었던 공통된 비전

내가 특히 주목하고 싶은 것은 변화 공식의 가운데에 위치한 항목인 공통 비전 V이다. 애석하게도 이 비전은 현재 진행 중인 교육 개혁에 대한 많은 논의에서 제외되었고, 그런 까닭에 개혁이라 부르는 많은 변화가 결국은 이론 중심 교육의 점증적 확대에 지나지 않게 되었다.

이전에는 미래의 K-12 교육에서 가능한 것이 무엇인지, 우리가 바라는 교육의 모습은 무엇인지에 대한 새롭고 공통된 비전이 없었다. 이것이 지금까지 실질적인 교육 발전을 빨리 앞당기는 데 큰 걸림돌로 작용했을 것이다. 만약 위에서 언급한 변화 공식이 성립한다면 공통 비전이 없으므로, 즉 V가 0의 값을 가지므로 변화는 어느 순간 갑자기 일어날 때까지는 실제로 일어나지 않을 것이다. 그러므로 새 교육 비전의 핵심 요소가 무엇이고, 새로운 비전과 교육 패러다임이 이전 교육과 근본적으로 어떻게 다른지 명확하게 이해하는 것이 필요하다.

이 책에서 나는 새로운 교육 비전의 윤곽을 제공하려 노력했다. 더 나은 세상 만들기라는 새 교육목표뿐만 아니라 실질적인 사회참여 실현이라는 새로운 수단, 자신의 열정 분야에서 사고력, 행동력, 대인관계 능력, 사회참여 실현 능력을 발휘하는 유능한 인재 양성이라는 소기의 성과에 대해서도 구체적으로 명시하려고 애썼다. 뿐만 아니라 새로운 교사의 역할과 더욱 강력해진 기술의 사용이 새로운 교육을 맞이할 때 어떤 도움이 될지에 대해서도 구체적으로 설명하려고 노력했다.

다행히 새로 떠오른 교육 비전의 윤곽이 점점 더 뚜렷해지고 있다. 변화 공식에서 '공통 비전' 항이 0에서 양의 값으로 바뀌고 있다는 말이다. 지금도 높은 값을 가지고 있고 앞으로 점점 더 커질 다른 두 요소와 공통 비전 요소가 결합한다면 변화를 거스르는 저항을 충분히 이겨낼 수 있을 것이다. 다시 말해 변화가 일어날 가능성이 더욱 커지고, 변화의 그날이 더 빨리 찾아올 것이다.

그래도 여전히 새로운 비전과 관련해서 부족한 것이 있다. 반드시 필요한 것이기도 한 그것은 다름 아닌 새 교육을 지칭하는 짧고 간단하고 기억하기 쉬운 합의된 명칭이다. 그런 명칭이 있다면 사람들이 "내 자신 혹은 내 아이를 위한 교육으로 이론 중심 교육을 원하지 않고, 대신에 '……교육'을 원한다."라고 편하게 말할 수 있을 것이다. 알맞은 이름을 찾기 위한 노력은 계속되고 있다. 나는 '더 나은 세상 만들기 교육'이나 '사회참여 실현 기반 교육'을 제안한다. '동인 기반 교육(Agency-Based Education)'이라는 이름도 들은 적이 있다. 다른 제안들도 나올 수 있을 것이다. 결국 그중 하나가 많은 사람들에 의해 선택될 것이다.

변화의 필요충분조건

모든 사람을 변하게 하려면, 혹은 어느 한 사람이라도 변하게 하려면 새로운 비전만으로는 충분하지 않다. "사람들은 불빛을 봤을 때 변하지 않는다. 다만 열기를 느꼈을 때 변한다.”라는 말도 새겨볼 필요가 있다. 우리는 지금 대대적인 사회 변화를 이야기하고 있다. 그런 변화에는 시간이 필요하다. 아마 수십 년 혹은 그 이상이 걸릴 것이다. 게다가 완벽한 변화가 일어나려면 열기가 뜨겁게 달아올라야 한다. 우리가 살고 있는 현대의 시대적 특징으로 인해 변화의 속도는 점점 더 빨라지고 있다는 걸 기억하자. 오늘날 진행되고 있는 변화의 속도는 과거와는 비교도 안될 만큼 굉장히 빠르기 때문에 우리는 가끔씩 새삼스럽게 깜짝 놀란다. 예를 들어 온라인 세계가 얼마나 빨리 성장하는지, 인터넷이 얼마나 많은 일을 가능하게 하는지 생각해보라. 비전을 공유하는 것은 교육 변화가 더 빨리 일어나도록 도와주는 중요한 단계일 것이다.

아래로부터의 힘

정부나 상급기관에서 공식적으로 선포하거나 제안하거나 채택하는 하향식 비전은 일반적으로 사람들 사이에서 공유되기 힘들다. 과거에는 이런 방식으로 일이 진행되었다. 하지만 오늘날에는 통하지 않는다. 이제 우리는 신기술과 네트워크, 그리고 새롭고 강력한 ‘아래로부터의 힘’(bottom-up force)을 갖추고 있다. 오늘날에는 위에서부터 나온 생각과 다양한 집단에 의한 아래로부터의 실천이 결합되었을 때 모든 사람이 공유할 수 있는 비전이 생긴다. 새로운 교육 비전도 마찬가지다. 이제 발돋움을 시작한 새 비전은 내가 만들어낸 것이 아니다. 나는 그저 상세한 내용을 기록하고 조화롭게 정리할 뿐이다.

공유된 비전이 없다면 변화는 저항을 이겨낼 수 없을 것이다. 그러므로 새로운 교육 비전을 이해하고 가능하면 '불빛'을 보는 것이야말로 더할 나위 없이 중요하다. 그래야 우리는 얼마 만큼이 실제로 '공통' 비전인지 결정할 수 있고, 더 많은 부분이 공통 비전이 되도록 모두 다함께 노력할 수 있다.

변화의 공식

- 현재 상황에 대한 불만(Dissatisfaction)
- 미래에 무엇이 가능한지에 대한 공통 비전(Vision)
- 비전을 위한 구체적인 시작 단계(First concrete steps)

D×V×F 〉R(저항)

13장

지금 우리가
할 수 있는 일

진정으로 자녀를 돕고자 한다면 부모들은 자녀의 성공에 중요한
실질적인 사회참여 실현을 더욱 강조하고, 과거 자신의 학창 시
절에 중요하게 여겼던 성적이나 학업 성취를 덜 강조해야 한다.

│   나는 1장에서 이 책을 읽는 독자 중에
"정부 지도자와 정치가, 교육정책 입안자, 학부모, 교육운동가, 현직
또는 미래의 교육감, 학교행정가, 교장, 도시행정 및 교육정책 전공 대
학원생, 교사, 교사 교육 담당자, 지금과 미래에 적합한 교육을 제공하
는 데 관심 있거나 관련된 일을 하는 사람들, 그리고 누구보다 청소년
들"이 있으면 좋겠다고 했다. 이 책의 마지막 장에서 나는 새로운 교
육 비전을 실현시키는 데 관심 있는 각 계층의 독자들이 할 수 있는
일을 제안하려 한다.

정부 지도자와 정치가

오늘날 대부분의 세계 지도자와 정치가들은 교육이 국가 발전에 매우
중요하다고 생각한다. 가난한 국가들은 다른 나라를 따라잡을 수 있
는 수단이라 여기고, 부유한 국가들은 최상의 위치를 유지하기 위한
수단이라 여긴다. 여러분이 정치 지도자라면 장기적으로 국가 경제
발달에 도움이 되는 것은 단순히 오랜 전통의 이론 중심 교육을 강화
시키는 것이 아니라 더 나은 세상 만들기 교육으로 전환하는 것임을
인식하고, 그에 따라 행동해야 할 것이다. 점증적인 변화 외에 다른
것에 대해서도 지원을 해주는 국가 지도자나 정치가는 거의 없지만
그래도 이제 곧 대대적인 교육 개선 사업이 시행될 것이다. 우리 사회
의 미래와 아이들을 걱정하는, 통찰력을 갖춘 정치가에게는 바로 지

금이 과거에 교육받은 어른들의 요구와 미래에 대비해 교육을 받는 아이들의 요구에 대해 폭넓고 명확하게 공개적인 토론을 벌일 가장 적절한 시간이다. 정치가들의 손에는 엄청난 리더십 기회가 놓여 있다. 교육 발전을 가속화시키는 정치가들은 언젠가 보상을 받고 오래 기억될 것이다.

추측컨대 비교적 규모가 작은 나라들은 다른 곳보다 먼저 변화의 빛을 보고 열기를 느낄 것이며, 실질적인 사회참여 기반의 '더 나은 세상 만들기 교육'으로 발 빠르게 전환함으로써 학생들의 경쟁력을 높이고 더 나아가 세계로 도약할 수 있을 것이다. 그런 나라의 장기적 교육목표는 '모든 시민이 어떤 분야에서든 자신이 좋아하는 것을 실현하는 세계적인 인재가 되는 것'일 것이다. 지금이 바로 이 엄청난 정치적, 사회적 기회를 붙잡아야 할 때다.

정·재계 및 비정부기구 지도자

현행 이론 중심 교육에 만족하지 않는 정계, 재계, 비정부기구의 지도자들은 공교육에 대해 불평하거나 자체 교육 프로그램을 운영하는 것에 그치지 않고 더 많은 일을 할 수 있다. 이들은 대내외적으로 실질적인 이익이 되면서도 초·중등학교 모든 학년의 학생들이 수행할 수 있는 프로젝트를 발굴하고, 절차를 만들어 학교와 학생들에게 프로젝트를 제안할 수 있을 것이다. 모든 기관에 프로젝트 모집과 발굴, 프로젝트-학생 연결, 프로젝트 결과 수집 및 활용을 전담하는 직원이 있다고 상상해보라. 세계 각국에 아이들로 구성된 여러 개의 팀들이 '학점' 또는 '공평한 성과 기반 보상' 제도 아래에서 기업, 정부, NGO 의 프로젝트를 실행한다고 상상해보라. 아이들이 세상에 더할 수 있는 잠재적 가치는 얼마나 될까?

교육정책 입안자

교육정책 입안자들은 미래를 위한 다양한 대안에 열린 사고로 접근할 수 있고, 또 그래야 한다. 진보적인 교육정책은 핵심 4과목 MESS를 더 잘 가르치거나, 학업 수준을 높이거나, STEAM 과정을 추가하거나, 기존 프로그램에 인터넷과 기술을 통합하는 것과는 이제 아무 관련이 없다. 이런 것들은 모두 과거의 교육을 재구성한 것과 같다. 미국의 공통 핵심 학력기준안을 예로 들면, 미국은 이 교육과정을 개발하고 발표하기까지 수십 년 동안 노력을 쏟았다. 하지만 그 노력을 더 미래지향적인 계획을 고안하는 데 쏟았다면 훨씬 더 유용했을 것이다. 진보적인 교육정책은 아이들이 세상을 바꿀 수 있도록 역량을 강화시켜주는 새롭고 더 효과적인 방법을 만들어내야 하고, 그런 정책을 만들 때는 아이들에 의한 아래로부터의 참여를 더 많이 포함해야 한다. 뿐만 아니라 진보적인 정책은 역량 강화 교육에 대한 강력한 지원을 해야 한다. 그래야 교사들이 마음껏 실험하고 변화를 시도할 수 있다. 정책 입안자들은 어떤 평가가 아이들 개인에게 실제로 중요한 것인지 더 세심하게 살펴야 하고, 실질적인 교육 효과를 측정하지 못하는 데이터나 수치 비교에 지나치게 의존하는 현행 평가방법에서 벗어나야 한다. 미래는 새롭고 다른 교육을 요구한다. 정책 입안자들은 그런 교육에 이르는 새로운 길을 만들어낼 수 있고, 꼭 그럴 것이다.

학부모

오늘날의 부모들은 심각한 곤경에 처해 있는 것처럼 보인다. 부모들은 자녀를 위해 최고의 것을 원한다. 여기서 최고의 것이란 대개 '그들이 자라면서 받을 수 있었던 최고의 교육'을 의미한다. 하지만 세상은 변하고 있다. 과거의 직업들은 사라지고 있고, 아이들은 부모 세대와 다른 것을 원한다. 부모들도 자신이 자란 세상이 더 이상 존재하지 않음을 어느 정도 알고 있다. 요즘 부모들에게 가장 절실한 것은 부모의 경험이 자녀에게 아무 도움이 되지 않는 새로운 세상과 낯선 환경 속에서도 자녀가 앞으로 나아갈 수 있게 도와줄 용기이다. 이론 중심 교육 제도가 여전히 유용한 것은 맞지만 학업 성취가 여러 면에서 과거보다 중요도가 낮아졌다는 사실을 부모들도 알아야 한다. 오늘날에는 학문적 성공이 아이들에게 열려 있는 유일한 길도 아닐뿐더러 심지어 최선의 길도 아니다. 진정으로 자녀를 돕고자 한다면 부모들은 자녀의 성공에 중요한 실질적인 사회참여 실현을 더욱 강조하고, 과거 자신의 학창 시절에 중요하게 여겼던 성적이나 학업 성취를 덜 강조해야 한다. 아이들이 말하는 미래 이야기를 열심히 경청해야 하고, 부모 자신의 요구나 바람이 아닌 아이가 원하는 관심 분야를 발굴하고 그것에 열정을 발휘할 수 있게 도와줘야 한다. '디지털 이민자'인 부모들은 비록 자신이 완벽하게 이해하지 못하는 세상이지만 자녀는 그 세상을 정면으로 마주할 수 있도록 도와야 하고, 그러기 위해서는 큰 용기와 많은 노력이 필요하다. 자녀에게 부모 세대가 경험한 과거가 아니라 앞으로 다가올 미래를 대표하는 교육을 제공할 수 있도록 우리 모두 부모들에게 용기를 북돋아주어야 한다. 용기 있는 부모가 얻게 될 보상은 매우 크다. 그들의 자녀는 긍정적인 태도를 지닐 뿐만 아니라 분명 미래 사회에서도 성공을 거둘 것이다.

교육혁신자

에듀테크와 교육학 분야에서 이른바 '혁신자(innovator)'라 불리는 교육운동가들은 내 경험을 기반으로 크게 두 부류로 나눌 수 있다. 첫째, 90%에 육박하는 그야말로 대다수 집단으로 이들은 오로지 전통적인 이론 중심 교육의 틀 안에서만 혁신을 꾀한다. 자립학교나 차터스쿨 같은 새로운 학교를 설립하는 사람들과 MESS 과목을 새로운 교수법(동영상이나 다른 에듀테크 기술 이용)으로 가르치려고 하는 사람들 모두 여기에 속한다. 이 부류에 속하는 사람들은 막대한 시간과 에너지를 투자해 이론 중심 교육의 테두리 안에서 혁신을 꾀하지만 궁극적으로 아이들에게 어떤 장기적 혜택도 제공하지 못한다. 나는 스스로 교육혁신자라 생각하는 사람들에게 그들이 만들거나 내세우는 기획안, 혁신, 소프트웨어 등 모든 것들이 과거의 이론 중심 교육을 개선하는 데 도움이 되는지, 그들의 혁신 노력이 새로운 사회참여 기반 교육을 제대로 지원하고 실제로 새 교육을 실현할 수 있게 하는지 면밀히 살펴보기를 강력히 권한다. 혁신을 이룰 수 있는 엄청난 기회는 이론 중심 패러다임에서 벗어나 아이들이 세상을 개선할 수 있도록 역량을 강화시켜주는 새로운 패러다임으로 전환할 때 생긴다. 새로운 교육 패러다임은 우리 아이들과 우리 자신에게도 장기적인 이익을 가져다줄 것이므로 훌륭한 교육혁신자들은 여기에 노력과 투자를 집중시켜야 한다.

현직 또는 장래의 교육감, 학교행정가, 교장

현재 학교를 운영하고 있거나 장래에 운영하기를 바라는 사람들은 자신이 속한 조직과 제도 안에서 장려할 만한 새로운 패러다임의 실제 사례를 주의 깊게, 지속적으로 살펴야 한다. 학교행정가들은 새로운 패러다임 안에서 학생을 가르치고 있거나 그러기를 바라는 교사뿐 아니라 학교 안팎에서 사회참여 프로젝트를 수행하고 있는 학생들을 파악해 특별한 지원을 제공해야 할 것이다. 또한 교사와 학생들이 이룬 성과를 돋보이게 하는 방법을 찾아내고, 교사-교사, 학생-교사, 학교-부모 멘토링 프로그램과 같이 자신이 이룬 성과를 다른 사람에게 전달하는 새로운 방법도 고안해야 할 것이다. 이런 조치들은 관할 학교나 교육구의 모든 구성원들이 새로운 패러다임으로 전환할 수 있도록 자극하고 도와줄 것이다.

어떻게 시작해야 할지 방법을 모색하고 있는 학교행정가들에게 나는 먼저 에스더 워짓스키의 '문샷 먼데이' 같은 프로그램을 체계적으로 시행해보라고 권하고 싶다. 학교행정가들은 데이비드 앵글이나 다른 사람들이 이뤄놓은 것을 바탕으로 관할 지역 학교와 학생들을 지역 사회의 요구와 연계시키는 사업을 시작해야 한다. 여기에 본보기로 삼을 만한 '훌륭한 관행'으로 명확하게 정해진 것은 없다. 서서히 성장하고 있는 분야가 늘 그렇듯이 '훌륭한 관행'과 더 훌륭한 관행을 구축하려는 요구만 있을 뿐이다. 학교행정가들은 각자 자신에게 주어진 환경 안에서 독창적인 혁신자가 되어야 할 것이다.

도시행정 및 교육정책 전공 대학원생

지금 교육대학원에서 공부하고 있는 학생 가운데 상당수는 관직이나 행정직으로 진출했을 때 미래의 교육을 만드는 데 지대한 영향을 미칠 사람들이다. 교육대학원 학생들은 대체로 오랫동안 교육에 종사해온 교사들보다는 지금 초·중등교육을 받고 있는 아이들 쪽에 더 가까운 세대이다. 그러므로 대부분 변화의 필요성을 인식하고, 변화에 참여할 수 있기를 간절히 바라고 있다. 이들은 자신이 새로운 시대에 적합한 교육을 만드는 정책과 계획을 고안하고 수립할 수 있는 좋은 위치에 있음을 깨달아야 한다. 그야말로 '그들의 시대'이다. 기꺼이 변화를 주도하는 세력이 되어야 하고, 과거의 낡은 교수학습 방법이 제시될 때마다 강하게 밀어낼 수 있어야 한다.

교사

세계 각국의 교사들과 지속적으로 대화를 나누면서 나는 거의 모든 지역의 많은 교사들이 학생을 위해 색다른 것을 시도하고 싶어 한다는 것을 확신할 수 있었다. 그런 교사들에게 필요한 것은 무엇보다도 아낌없는 지원과 격려이다. 변화의 필요성을 느끼는 교사들은 소속 학교 안에서 같은 생각을 지닌 동료 교사와 행정 직원들에게 지속적인 도움을 구해야 한다. 뿐만 아니라 나날이 늘어나는 아이디어와 혁신적인 동료 교사나 실천 사례를 온라인으로 찾아봐야 한다. 교사들은 동료 교사, 학생들과 실험적 교수학습에 대해 자주 논의하고, 학습이나 성적이 아닌 아이들에게 필요한 교육의 종류를 주제로 자주 대화를 나눠야 할 것이다. 실질적인 사회참여 실현을 지향하는 새롭고 개선된 교수법으로 학생을 가르칠 수 있는 기회를 지속적으로 모색하면서, 사람들의 관심을 더 많이 모을 수 있도록 긍정적인 결과를 빠짐없이 강조해야 한다. 처음에는 자신이 없고 노력을 해도 완벽하지 않지만 아이들과 사회를 위해 옳은 방향으로 가고 있음을 항상 생각하면서, '문샷 먼데이' 같은 프로그램을 채택하고 시도해야 할 것이다.

교사 교육 담당자

교사 양성이나 교사 연수를 책임지는 사람들은 특히나 영향력 있는 위치에 있다. 이들은 앞으로 다가올 변화에 교사들이 대비할 수 있도록 교육 프로그램에 무엇을 추가해야 할지 알아야 한다. 교육대학은 더 나은 세상을 만들 수 있는 아이들의 역량을 강화시키고 사회참여 프로젝트에 참가하는 팀을 지도할 수 있는 교사를 양성하기 위한 프로그램과 준비과정을 미리 개발하고 제공해야 한다. 더구나 그런 프로그램이 학점이나 교원자격 평가 점수에 반영되도록 해야 한다. 어렵지만 기대할 만한 일이다.

미래 교육에 관심 있거나 투자하는 사람들

우리 사회의 미래에 관심이 있는 일반 대중들은 자녀가 아직 학교를 다니고 있든 아니든 간에 새로운 시대에 우리 아이들, 우리나라, 우리가 사는 세계의 성공을 보장하는 교육에 깊은 관심을 가지고 생각해봐야 한다. 이 책의 핵심 메시지는 앞으로 우리에게 필요한 교육은 이론 중심의 과거형 교육이 아니라 세상을 개선하는 실질적인 사회참여 실현에 기반을 둔 미래형 교육이라는 것이다. 이 메시지에 동의하는 사람들은 변화를 옹호하면서 다른 사람들의 지지를 이끌어내기 위한 활동을 시작해야 한다. 기업, 정부, 비정부기구의 지도자와 구성원을 포함해 사람들은 학생들이 풀 수 있는 다양한 수준의 문제에 대해 생각해보고 일선 학교와 생각을 공유해야 할 것이다.

'개선된 교육'을 '과거 교육의 많은 부분을 개선하는 것'과 동일시하는 사람이 있다면 그들이 지식인이든 언론이든 학부모 단체이든 간에 그대로 방치해서는 안 된다. 만약 그냥 방치한다면 우리 교육과 아이들은 한 걸음도 앞으로 나아가지 못할 것이다.

청소년

청소년들은 단연 우리 사회의 중요한 구성원이다. 그런 까닭에 마지막 지면은 청소년을 위한 공간으로 할애했다. 독자 중에 청소년들이 많기를 바라는 마음이기도 하다. 오늘날 점점 많은 아이들이, 부모 세대가 아이에게 필요하다고 주장하는 교육과 아이들 스스로 자신에게 적합하다고 믿는 교육 사이에 갇혀 있다고 생각한다. 그리고 많은 경우 뾰족한 창에 찔려 꼼짝도 못한다고 느낀다.

대부분의 아이들은 또래 친구나 동료와 함께 지내면서 공부하기를 원하고, 자신이 될 수 있는 사람으로 오롯이 성장하기를 바란다. 그래서 가능한 최고의 학교에 입학하고 최고의 직장에 취업하려고 한다. 청소년들은 자기가 사는 세상 속에서 완전히 새로운 기회가 생겨나고 있음을 보고 있지만 번번이 부모나 다른 어른들에 억눌려 기회를 놓친다.

이 문제에 대해서는 부모와 자녀가 서로의 의견을 존중하면서 자주 대화를 갖는 것이 정말 중요하다. 요즘 청소년들은 주변 어른들로부터 많은 것을 배울 수 있다. 하지만 우선순위를 정하거나 결정을 내려야 할 때는 되도록 자신이 하고 싶은 것과 세상에 필요한 것을 기반으로 해야 한다. 많은 청소년들은 '세상을 더 나은 곳으로 바꾸는 일'을 진정으로 바란다고 말한다. 이 말이 사실이라면 청소년들은 실제로 세상을 바꿀 수 있는 역량을 갖추어야 하고, 혁신적인 방법으로 그 바람을 실천에 옮길 수 있어야 한다. 나는 청소년들에게 반드시 그렇게 하라고 강력하게 권하고 싶다.

교육은 로켓 과학이다

우리는 아이들을 다른 시선으로 바라볼 필요가 있다. 은유적으로 표현하자면 오늘날의 아이들은 로켓인데 우리는 너무 자주 미래로 가는 철도 위 기차처럼 다룬다.

요즘 아이들에 대해 '파멸과 암흑'이라는 어두운 전망이 나오고, 학교 중퇴 비율이 걱정스러울 정도도 높지만 나는 많은 사람들이 우려하는 것만큼 상황이 나쁘다고 생각하지 않는다. 낙관적 전망을 회복하기 위해 우리는 아이들을 다른 시선으로 바라볼 필요가 있다.

은유적으로 표현하자면 오늘날의 아이들은 로켓인데 우리는 너무 자주 미래로 가는 철도 위 기차처럼 다룬다.

둘 중 어느 쪽일 때 교육자는 로켓 과학자가 되는 것일까? 답은 너무 뻔하다.

그렇다면 왜 요즘 아이들을 로켓이라고 부르는 것일까? 언뜻 보기에 그 이유는 속도에 있다. 요즘 아이들은 앞선 어느 세대보다 빠른 속도로 움직인다. 아이들의 정서적 성장 속도는 바뀐 것이 거의 없지만, 학습 속도와 지식의 양이 엄청나게 변했고, 그 결과 지적 성장 속도도 놀라울 정도로 빨라졌다. 나이보다 빨리 성숙해지는 아이들을 가리켜 MTV 방송에서는 'KGOY'(Kids getting older younger)라는 용어를 사용하고 있다. 부모와 교육자들은 아이들이 전통적 의미의 학습을 하게끔 애쓰지만 정작 아이들에게 제공하는 것은 대체로 아이들의 요구에 한참 못 미친다. 아이들의 '연령 적합성'은 우리 세대마저 앞질렀다. 피아제Piaget를 따르는 교육학자들도 새로운 시선이 필요한 때라고 말한다. 많은 사람들이 아이들의 속도를 늦추길 바라지만 속도는 분명 아이들의 현실이다.

하지만 요즘 아이들이 로켓에 비유되는 이유가 단지 빠른 속도 때문만은 아니다. 로켓은 발사한 사람조차 볼 수 없는 머나먼 목적지를 향한다. 아이들도 마찬가지다. 인터넷, 소셜 미디어, 복잡한 멀티플레이어 게임 등등 이른바 21세기형 양육의 영향으로 아이들은 자기 힘으로 효과적인 것을 탐색하고 찾아낼 수 있게 되었다. 로켓은 매순간 방향을 통제할 수 없다. 아이들도 마찬가지다. 그러나 처음부터 방향을 제대로 잡고 겨냥할 수 있고, 필요하다면 중간에 궤도를 수정할 수 있다. 일단 발사되면 아이나 로켓 모두 비행 중에 수리가 어렵기 때문에 되도록 자립할 수 있도록 준비시켜야 한다.

모든 로켓과 마찬가지로 아이들의 연료는 휘발성이다. 어떤 로켓은 다른 것보다 더 빨리 더 멀리 날아간다. 어떤 것은 유도체를 놓치거나 방향을 따라가는 기능을 상실한다. 어떤 것은 경로를 벗어나거나 갑자기 작동을 멈춘다. 심지어 폭발하는 것도 있다. 그러나 많은 로켓들은 목표를 달성한다. 또 그럴 수 있도록 돕는 것이 로켓 과학자가 하는 일이다.

가장 중요한 사실은 오늘날의 로켓과 아이들은 과거의 탐사 로켓을 훨씬 뛰어넘어 더 멀리 날아가고, 더 많은 일을 할 수 있는 잠재력이 있다는 것이다. 사용하기 쉬운 디지털 장치의 보급으로 우리 어른들이 보기에는 공상과학 영화에나 나옴직한 일들을 아이들은 일상적으로 해내고 있다. 아이들은 세계 곳곳에 있는 다른 아이들과 실시간으로 소통하고 서로에게 가르쳐주고 상대방으로부터 배운다. 이제 모든 나라와 지역에 인터넷이 보급되어 있다. 아이들은 주기적으로 동영상을 만들어 세상 사람들이 보고 의견을 낼 수 있도록 인터넷에 올린다.

뿐만 아니라 범 세계적인 사회적, 정치적 집단을 조직한다. 여론조사 전문가 조그비Zogby는 로켓 같은 우리 아이들을 '글로벌 아이(The Globals)'라고 부른다. 어쩌면 '은하계 아이(The Galactics)'가 더 나은 이름일지도 모르겠다. 요즘 아이들은 대부분 특정 시기에 이르면 이것을 깨닫는다. 물론 어른이 되어서도 깨닫지 못하는 사람도 많다.

로켓 과학자로서의 교육자

오늘날의 아이들은 우리가 가능하리라 생각했던 것 이상으로 더 멀리 더 빨리 지구 구석구석은 물론이고 지구를 벗어나서도 활동할 수 있다. 아이들을 교육하는 직업을 가진 사람들에게 이것은 어떤 의미일까? 우리는 가르치는 사람으로서가 아니라 가능한 최고의 로켓(즉 학생)을 만들어 쏘아 올리는 로켓 과학자로서 교육자가 해야 할 일을 이해해야 한다. 과거에 사용했던 교육 연료를 학생 로켓에 채워 넣어서는 안 된다는 말이다. 그런 연료로는 오늘날의 아이들을 추진시키지 못한다. 우리는 새로운 연료, 새로운 설계, 새로운 추진 장치, 새로운 탑재물이 필요하다.

　실제 로켓 과학자들은 로켓을 성공시키기 위해 어떤 준비를 할까? 우선 로켓이 여러 예측 불가능한 사고나 문제에 부딪히게 될 것이라는 것을 이해하고, 최소한의 외부 도움으로 임무를 완수할 수 있도록 충분한 지능을 지닌 로켓 '두뇌'(소프트웨어)를 만들려고 애쓴다. 자가 점검, 자가 평가, 자가 교정 장치도 최대한 장착한다. 고속으로 움직이고 있는 동안에도 로켓이 주기적으로 데이터를 수집, 분석할 수 있도록 이용 가능한 장치나 장비를 최대한 사용할 수 있는 기능도 만든다. 로켓 과학자들은 비행 중에 업데이트 가능한 로켓 두뇌장치 데이터가 아닌 비행 도중 생기는 정보를 처리할 수 있는 능력에 대해 엄격한 품질 관리를 수행한다. 목표를 미리 설정하지만 그 목표가 중도에 바뀔 수 있고, 수명이 다할 때까지 다른 변화가 생길 수 있음을 로켓 과학자들은 알고 있다.

유용한 관점

학생을 로켓으로, 교육자는 로켓 과학자로 보는 새로운 시각은 교육자는 물론이고 우리 모두에게 굉장히 유용하다. 그 이유 중 하나는 학생 성취 기준을 현재 설정한 것보다 훨씬 높이 설정하도록 자극을 주기 때문이다. 나는 학생들이 성취한 것에 '굉장히 감명 받았다'고 말하는 교사들을 종종 만난다. 그러나 우리는 아이들에게 쉽게 감명 받아서는 안 된다. 훨씬 더 많은 것을 기대해야 하기 때문이다.

　로켓은 비용이 많이 드는 장치이다. 로켓을 제작하거나 관리하려면 많은 노력과 기술이 필요하다. 게다가 로켓은 지상에서는 무용지물이다. 따라서 로켓이 지상에 머무는 것을 대비할 필요는 없다. 기계가 대신하고 있는 '지상에서의 기능' 가운데 상당 부분이 이제 더 이상 필요하지 않다.

탐사 또는 파괴

여행을 시작할 때 머릿속에 들어 있는 탑재물이 무엇이냐에 따라 아이들은 탐사와 변화를 이끄는 막강한 힘이 될 수도 있고, 반대로 잠재적 살상 무기가 될 수도 있다. 교육자들은 부모와 함께 학생 로켓에 탑재물을 싣는다. 그다음에 아이들이 앞으로 만나게 될 미지의 것에 대한 준비가 잘 되었기를 희망하며 미래를 향해 쏘아 올린다. 탑재물이 긍정적 효과를 내게 하려면 아이들이 옳은 일을 찾아내어 완수할 수 있는 윤리적 행동력을 갖추게 해야 한다. 그것이 '로켓 과학자'로서 교육자들이 가장 큰 관심 기울여야 할 문제이다. 아이들이 누구를 만나고 무엇을 만나든지 간에, 그리고 기술의 힘을 빌리기는 하겠지만 어떤 방식으로 만나든지 간에 끊임없이 배우고, 창조하고, 프로그래밍하고, 채택하고, 적응하고, 실현하고, 긍정적인 관계를 형성할 수 있도록 우리는 아이들의 두뇌 환경을 제대로 설정해야 한다.

아이들은 로켓처럼 '아무도 가본 적이 없는 세계로 과감하게 탐사'를 떠날 수 있어야 한다. 그것이 실현되기 위해서는 매우 중요한 변화가 요구된다. 그것은 기술의 변화가 아니라 교육자들의 사고방식의 변화이다. 이제 교육자들은 살아 숨쉬는 '로켓' 관리인이 아니라, 파트너로서 그 로켓을 미래로 안내하는 로켓 과학자라는 자기 인식을 가져야 한다. 아무도 과거를 완전히 버려야 한다고 생각하지 않는다. 나도 그렇게 생각하지 않는다. 그러나 우리가 과거의 것을 버리고 아이들이 더 멀리 날아가고 안전하게 착륙할 수 있도록 미래를 준비시켜주지 않는다면 우리는 아이들에게 아무 도움도 되지 못할 것이다. 빠른 시일 내로 우리가 책임지고 있는 로켓에 새 연료와 새 탑재물을 싣지 않는다면 우리 아이들은 결코 이륙하지 못할 것이다.

마땅히 우리 아이들이 받아야 할 교육을 제공해야 할 때다.

자주 제기되는 우려와 의문

전 세계를 돌며 이 책에 담긴 메시지를 강연할 때 나는 서로 다른 지역의 청중들로부터 같은 반대 의견과 질문을 들었다. 대체로 "네, 원칙적으로는 선생님 의견에 전적으로 동의합니다. 그렇지만 우리 학교(우리 지역, 우리나라)에서는 ……"이라는 말로 시작되는 의견들이다. 이 책을 읽는 독자에게도 생겼음직한 몇몇 우려와 의문에 대해 설명하고자 한다.

네,…… 그렇지만 아이들에게는 여전히 '기본'이 필요하지 않나요?

그렇다. 여전히 청소년들에게는 밑바탕이 되는 기본 기량이 필요하다. 하지만 아이들에게 필요한 기본 기량은 빠른 속도로 과감하게 바뀌고 있다. 심지어 우리가 인지하거나 받아들일 수 없을 만큼 빠른 속도로 변하고 있다. 우리 세대가 성공하는 데 기본이 되었던 기량들은 요즘 초등학생이 성인이 되었을 때 즈음이면 완전히 바뀌어 있을 것이다. 만약 우리에게 기본이었던 기량을 지금의 아이들에게 똑같이 갖게 하려 한다면 아이들은 자신이 이끌어야 할 시대에 무방비 상태가 될 것이다.

단순히 21세기형 기량이나 사회적, 정서적 기량 몇 가지를 기존 교육과정에 추가한다고 되는 것이 아니다. 지금 우리가 하고 있는 것과 하지 않는 것 모두를 재검토해야 한다. 모든 커뮤니케이션에서 주를 이루던 텍스트의 힘이 약화되고 영상자료의 중요성이 커지고 있음을 인식해야 한다. 이제 더는 산술 계산이 사람들에게 요구되는 수학적 기량이 아님을 인식해야 한다. 오늘날 대부분의 학교와 교실에서 제공하는 '기본 내용'과 '기본 교육과정'은 모두 극도로 좁은 범위의 지나치게 세세한 지식과 기량이다. 대부분 어떤 의미로도 반드시 필요한 것도 아니고 미래 생활의 '기본'이 되는 것도 아니다. 여기에서 기본이란 사고력, 행동력, 대인관계 능력, 사회참여 실현 능력의 하위요소로써 쉽게 배우고 쉽게 기억할 수 있는 중요한 지식과 기량을 말한다. 인류 집단으로서 우리는 이미 이런 기본에 대해 많은 것을 알고 있지만 아이들에게 필요한 기본을 충분히 제공하고 있지 않다. 우리는 이 사실을 인정하고, 아이들이 미래에 제대로 대비할 수 있도록 우리가 제공하는 '기본'에 대해 다시 깊이 생각해야 있다.

네,…… 그렇지만 아이들이 '만사를 다 알아야' 하지 않을까요? 의사가 되고

싶다고 하면 어쩌죠?

의학과 같은 전문 분야를 전공하려면 다양하고 깊은 지식과 기술을 쌓아야 한다는 것은 분명하다. 그래서 '고등교육'이 필요하다. 초·중등 교육과정에서 기본 역량인 사고력, 행동력, 대인관계 능력, 사회참여 실현 능력을 습득했을 뿐 아니라 자신이 무엇을 원하는지 뚜렷한 생각을 가지고 있고, 그것을 이루기 위해 적극적으로 노력하는 학생들을 위해 고등교육이 존재하는 것이다. 지금 우리는 초·중등 교육과정의 학생들에게 지식과 기량을 제공하고 있지만, 아이들에게 필요한 것은 그 이상의 것이다. 아이들은 자신의 관심사와 장점과 열정이 어떤 분야에 있는지 발견하고, 그 열정과 장점을 앞으로 어디에 어떻게 발휘할지 이해하는 데 우리의 도움이 무엇보다 필요하다.

네,…… 그렇지만 아이들이 그저 열정을 따르기만 한다면 그 외에 다른 것을 경험할 기회는 부족하지 않을까요?

우리는 지금 교육이 아이들이 잠재적 관심사와 기회를 많이 접할 수 있게 돕는다고 생각할 것이다. 그러나 사실은 그렇지 않다. 교사들은 이를테면 어쩌다 얻은 것을 바탕으로 불규칙적이고 협소한 방식으로 아이들에게 기회를 제공하고 있다. 아이들이 자신의 열정을 쏟을 수 있는 분야를 찾도록 돕는 일이 매우 중요하기는 하지만, 아이들이 어떤 시기에 어떤 열정을 가지고 있든 간에 그 열정을 어떻게 발휘해서 더 나은 세상을 만드는 일을 실현할지 아이들에게 가르쳐야 한다. 예외적인 경우가 더러 있지만 요즘 학교들은 대체로 아이들이 자신의 열정을 찾아내고 그 열정을 발휘해 세상에 유용한 인재가 되도록 돕는 일을 정말 너무나 못한다. 사회참여 프로젝트는 아이들에게 훨씬 다양하고 많은 가능성을 열어줄 수 있다. 특히 아이들이 프로젝트에서 다양한 역할을 맡는다면 더 많은 가능성이 열릴 것이다. 초·중등 교육을 담당하는 모든 교사는 아이들이 자신의 관심사와 장점, 열정을 찾을 수 있도록 많은 시간을 할애해 도와줘야 한다. 뿐만 아니라 아이들이 새로운 열정을 발굴할 수 있는 분야나 인물, 프로젝트를 찾아 아이들과 연결시켜주는 일에도 많은 노력을 기울어야 한다.

네,…… 그렇지만 실질적인 사회개선 프로젝트에 기반을 둔 접근법으로 아이들에게 필요한 모든 것을 얻을 수 있을까요?

얻을 수 있고 얻어야 한다. 뿐만 아니라 학생들은 자신이 추구하는 열정 분야와 프로젝트의 요구에 자극받아 특정 분야와 특정 기량을 더 깊이 탐구하고 배우려고 할 것이다. 현행 교육과 이 책에서 소개하는 새 교육의 주요 차이점은 두 가지다. 첫째, 미래에는 학생이 선택한 프로젝트가 교육 내용이 되며, 위에서 내려오는 지시에 의해 결정되는 것이 아니라 교사의 지도는 받지만 오롯이 학생 개인의 요구에 의해 결정된다. 둘째, 지식과 기술을 실제로 적용하거나 실용적인 일을 하기에 앞서 모든 학생이 획일적으로 선형적인 공통 교육과정을 밟을 필요가 더 이상은 없다. 이것은 교과목으로 제2외국어를 배우는 것과 그 언어를 사용하는 나라에 살면서 언어를 배우는 것의 차이에 비유할 만하다. 분명 교실에서 공부하는 것이 도움이 되기는 하겠지만 주된 수단이라기보다는 보조적 수단이라 할 수 있다. 거의 모든 경우, 지식과 기량을 쌓는 기본적이고 가장 좋은 방법은 실제 세상과 직접 부딪치는 것이다.

네,…… 그렇지만 MESS 과목을 버린다면 아이들이 중요한 것을 많이 잃게 되는 게 아닐까요?

아이들이 MESS 과목에서 '최소한의 기본'을 습득하고 현행 이론 중심 교육과정에서 누락된 기량을 더 많이 습득할 수 있다면, 확신컨대 아이들은 진정으로 중요한 어떤 것도 박탈당하지 않을 것이다. 오늘날처럼 정보가 넘쳐나는 시대에 교육의 초점은 정보의 '압축'과 핵심 정보의 이해에 두어야 한다. 예를 들어, 미국 청소년들이 미국 역사의 핵심은 '인디언, 유럽 이민자, 정치 실험, 대륙 확장, 노예제, 남북전쟁, 경제적 성공, 세계 리더십, 시사 문제'임을 아는 것이 크리스토퍼 콜럼버스가 누구이며 몇 년에 아메리카 대륙에 처음 상륙했는지 아는 것보다 훨씬 바람직하다. 오늘날 아이들에게 전달되는 교육 내용은 대체로 아주 세세한 것이기 때문에 역사를 공부한 아이일지라도 대부분 큰 그림을 그리지 못한다. 모든 아이들이 세계 주요 국가와 지역 간의 연관성을 그림으로 그릴 수 있다면 어떨까? 그것이 더 유용하고 중요하지 않겠는가? MESS 기반 교육과정은 지나치게 많은 사실을 전달하지만 맥락이나 응용 기회는 거의 제공하지 않는다. 나는 여러분이 K-12 과정에서 배운 내용 중에서 어느 정도를 일상이나 직장 생활에 적용해봤는지 생각해봤으면 좋겠다. 아이들은 '사회 과목'이 '사람을 연구하는 학문'이라는 것을 알지 못한 채, 혹은 그런 말을 들어보지도 못한 채 13년 동안 수업을 받을 수도 있다. 실제로 내가 그랬다. 1센트도 안 되는 칩만 있으면, 답이 맞는지 틀렸는지 판단하는 법을 모르더라도 간단히 계산할 수 있는 문제를 두고 요즘 아이들은 엄청난 시간을 들여가며 계산하고 있을 것이다. 어떤 때는 강압에 의해 지루한 구시대적 자료를 읽어야 할 수도 있다. 그렇게 하는 이유가 지속적인 인간관계를 배우기 위해서라는 것을 전혀 알지 못한 채 말이다. MESS 교과목 내용은 최소한으로 하고, 그 속에 담긴 '본질'은 최대한 제공함으로써 우리는 아이들에게 더 도움이 되는 일을 할 것이다.

네,⋯⋯ 그렇지만 '더 나은 세상 만들기 교육과정'은 실제로 어떤 것으로 구성되어 있고 어떻게 가르쳐야 할까요?

더 나은 세상 만들기 교육에서는 K-12 과정의 모든 학생들이 다양한 팀에 소속되어 사회 개선 팀 과제와 프로젝트를 지속적으로 수행해야 교육이 이루어진다고 기대한다. 모든 프로젝트들이 어떤 식으로든 유의미하게 세상을 개선하는 데 기여하며, 아이마다 각기 다른 배합의 프로젝트들을 맡는다. 사고력뿐만 아니라 행동력, 대인관계 능력, 사회참여 실현 능력 등 아이들이 K-12 교육기간에 습득하리라 기대되는 기본적인 핵심 기량이 이런 프로젝트들을 뒷받침할 것이다. 새 교육은 아이들이 실제로 사용했던 기량을 인생의 시험에 직면했을 때도 그대로 유지할 수 있도록 핵심 기량과 각각의 필수 구성요소들을 가르칠 것이다. 이제 아이들은 미리 정해진 선형적 순서에 따라 좁은 범위의 과목을 '교과목' 형태로 배우지 않을 것이며, '만약을 대비해' 모든 아이들이 필요한 기량을 한꺼번에 획일적으로 습득하는 일도 없을 것이다. 아이들 각각의 요구에 따라 개별적으로 '필요한 때에' 습득할 것이다.

네,…… 그렇지만 지금 주장하는 것은 서양사회 상류층의 시각에서 최신 기술을 이용할 수 있는 아이들에 대한 비전을 그린 것이 아닌가요?

전혀 그렇지 않다. 이것은 전 세계 모든 아이들을 위한 비전이다. 이 책에서 예로 든 대부분의 프로젝트가 미국에서 실시된 것이기는 하지만 비슷한 프로젝트가 세계 곳곳에서 진행되고 있고, globalempoweredkids. org에서 자료를 수집하고 있다. 뉴욕, 파리, 상해, 쿠알라룸푸르 어느 곳에서나 아이들이 하고 있고, 할 수 있는 일은 비슷하다. 농촌지역들도 빠르게 따라잡고 있다. 게다가 10장에서 지적했듯이 기술 덕분에 아이들이 보다 강력한 능력을 갖추게 되었지만 더 나은 세상 만들기 교육은 실제로 기술이 필요 없다. 환경미화나 생활개선 프로젝트들은 기술이 없어도 완벽하게 해낼 수 있다. 기술이 정말로 필요하거나 유용한 분야에 대해서는 NGO나 기업체, 정부기관에서 기술을 제공해줄 수 있다. 더 나은 세상 만들기 교육은 모든 아이들을 위한 비전이다.

네,…… 그렇지만 아이들이 13년 동안 참여할 수 있을 만큼 '더 나은 세상 만들기' 프로젝트가 충분한가요?

프로젝트는 충분히 많다. 교육 내용의 대부분은 세상을 개선할 수 있는 프로젝트로 이뤄져 있고 그런 프로젝트들은 늘 차고 넘친다. 진정한 음악가가 변함없이 자신의 재능과 다양한 기술들을 계속 갈고 닦듯이 효과적인 사고력, 행동력, 대인관계 능력, 사회참여 실현 능력도 평생 지속될 수 있고 계속해서 더 깊이 갈고 닦을 수 있다.

네,…… 그렇지만 평가는 어쩌죠?

평가는 제대로 되었을 때는 유용하지만 이른바 '평가'라 불리는 것 대부분이 실제로는 '순위를 매기려는' 시도이며, 그것은 꼭 필요한 것도 아니고 오히려 해로울 때도 있다. 학교나 직장에서는 세 가지 종류의 평가만 필요하다. 양호(일반적으로 한 집단의 구성원 대부분에 해당, 대략 75%), 우수(일반적으로 대략 10-15%), 아직 양호하지 않음(일반적으로 10-15%)인데, 이 밖에도 다양한 이름으로 불린다. 정확하고 공정하게 순위를 매기는 것은 불가능하다. 그래서 정확한 평가를 위해 많은 노력을 기울이고 있는 것이다. 참가가 제한적인 프로그램들은 입학을 위한 자체 기준을 가지고 있어야 하는데, 대부분은 이미 가지고 있다. '학업 성취'를 평가하기보다 어떤 것을 완수했는지 '사회참여 실현' 여부를 평가하는 것이 실제로 훨씬 수월하다.

네…… 그렇지만 새로운 교육 비전에 대해 정식 교육을 받지 않은, 현직에 있는 수많은 정규직 교사들은 어쩌죠? 전 세계의 모든 교사들을 재교육할 수 있을까요?

교직뿐만 아니라 모든 전문직에 변화의 바람이 일고 있다. 우리는 급변하는 세상에서 의사나 변호사, 건축가 등 다른 전문가들을 다루듯이 교사들도 다뤄야 한다. 그들의 경험을 존중함과 동시에 연수와 모범 사례를 통해 그들이 가야 할 새로운 길을 제시해야 한다. 교직과 다른 전문직의 가장 큰 차이는 교사의 고객이 동년배가 아니라 어린 아이들이라는 것이다. 이것만으로도 청소년 교육에 관심 있는 사람들이 진보적인 시각을 가지기에 충분한 이유가 될 것이다. 우리는 교사들에게 새로운 상황을 제시하고 과거와 다른 연수 프로그램을 제공하면서 교사들을 지원하고 교사들과 협력해야 한다. 뿐만 아니라 다른 전문직의 경우와 마찬가지로 조만간 모든 교사들에게 새로운 길을 걷도록 요구해야 할 것이다. 그러기 위해서는 예비교사 교육과정뿐만 아니라 교사 자격과 면허 조건도 진화하고 있는 환경을 반영해 바뀌어야 한다.

네,…… 그렇지만 실질적인 사회참여 실현을 기반으로 한 교육으로 아이가 좋은 대학에 들어갈 수 있을까요?

대학들이 겪는 학문적, 경제적 압박이 쓰나미처럼 커지면서 대학만 바뀌는 것이 아니라 '좋은' 대학의 정의도 무서울 정도로 급변하고 있다. 사실 고등교육은 초·중등교육보다 훨씬 빠른 속도로 변한다. 대학마다 변하는 속도가 다르지만, 적어도 미국에서는 거의 모든 상위권 대학들이 단순히 등급이나 시험 점수가 아닌 훨씬 폭넓은 기준을 기반으로 입학생을 선발하거나 그런 절차를 밟으려고 계획하고 있다. 이런 면에 대해서는 주립대학이 상대적으로 느리지만 대학 입학 담당관들은 점차 지원자들이 수행한 사회참여 프로젝트의 깊이에 관심을 가지기 시작했다. 유의미한 사회참여 프로젝트를 완수하지 않았다면 단순히 높은 성적만으로는 '최고'의 대학에 입학하는 것이 이제 쉽지 않다. 이런 추세는 점점 강화될 것이다.

네,…… 그렇지만 실질적인 사회참여 실현을 기반으로 한 교육으로 아이가 좋은 직장을 얻고 성공적인 이력을 쌓을 수 있을까요?

직장이나 취업에 있어서도 대학과 같은 추세를 보이고 있다. 더하면 더했지 덜하지 않다. 예를 들어 구글 웹사이트에는 "팀 중심으로 업무를 처리할 수 있는 인재를 찾습니다."라는 배너 광고가 있다. 업무를 처리한다는 것은 '실현'을 뜻하는 또 다른 말이다. 오늘날 우리는 비평적으로 사고하고 혁신적으로 문제를 해결할 수 있는 직원을 찾는다는 사회 각계 관리자들의 말을 자주 듣는다. 직원들에게 목표를 실현하고 업무를 처리할 수 있는 능력만큼 중요한 것은 없다는 의미가 숨어 있다.

네,…… 그렇지만 "아이들이 역사를 배우지 않는다면 결국 되풀이되지 않을까요?"

마지막으로 내가 자주 듣는 반대 의견은 개인적으로 내가 가장 골치 아프다고 생각하는 문제인데, 그것은 표현은 다르지만 "만약 우리 아이가 머릿속으로 변화를 그릴 수 없다면 힘이 떨어졌을 때 모든 교류가 중단되지 않을까요?"라는 말이다. 과거에 사용했거나 현재에 사용하고 있는 특정 방법과 특정 주제, 예를 들어 수학, 글쓰기, 소크라테스식 토론, 심화 텍스트 분석은 모든 아이에게 '정말' 필요한 것이라고 확신하는 사람들이 계속해서 내게 하는 말이다. 나는 이런 주제나 방법이 일부 학생, 심지어 많은 학생에게 중요하다는 주장이 잘못되었다고 하는 것이 아니다. 단지 기존의 주제나 방법이 학생들의 시간을 기형적으로 많이 빼앗고 있는 것이 문제라고 말하는 것이다. 미래에 대비해 아이들을 준비시키는 시간이 제한되어 있기 때문에 나는 기존 방식과 새로운 방식 사이에 균형이 필요하다고 생각한다. 균형을 유지하는 시간 중 일부는 분명 사고력을 개발하는 데 써야겠지만 그만큼의 시간을 행동력과 대인관계 능력을 개발하는 데도 써야 한다. 실질적인 사회참여 실현은 아이들의 미래와 우리의 미래에 매우 중요하기 때문에 사회참여 능력을 개발하는 데는 훨씬 많은 시간을 바쳐야 한다. 결국 지금 우리가 하고 있는 일을 상당히 많이 바꿔야 한다는 것과, 위에서 결정된 교육과정을 따르기보다 아이들이 실제로 자신의 관심사를 더 깊이 추구할 수 있도록 많은 기회를 제공해야 한다는 걸 의미한다.

우리는 우리 아이들이 교육을 받은 사람이 되기를 원한다. 지금 바뀌고 있는 것은 '교육'이 무엇이냐가 아니라 '교육을 받는다'는 것이 무엇이냐이다.

1 조 웨일은 인성교육협회(Institute for Humane Education) 설립자이다. 펴낸 책으로
  는 《세상은 우리가 가르친 대로 된다(The World Becomes What We Teach)》 (2016
  년), 《더 나은 세상과 의미 있는 삶을 위한 간단한 원리(Most Good, Least Harm: A
  Simple Principle for a Better World and Meaningful Life)》 (2009년)이 있다. www.
  humaneeducation.org/watch-zoe-weils-talk/eos에서 동영상을 볼 수 있다.

2 말리 디아즈Marley Dias, 11세. 2016년 5월 31일 제나 부시의 NBC 투데이쇼
  특집방송 '아이들도 할 수 있어요(Can-Do Kids)'에 출연했다. http://www.today.
  com/parents/meet-girl-collecting-1000blackgirlbooks-libraries-
  schools-t95506

3 싱가포르: https://news.google.com/newspapers?nid=1309&dat=20010829
  &id=kiwhAAAAIBAJ&sjid=rXgFAAAAIBAJ&pg=4358,5317170&hl=en
  한국: https://news.google.com/newspapers?nid=2209&dat=19880703&id

=6xImAAAAIBAJ&sjid=xfwFAAAAIBAJ&pg=7291,781635&hl=en

캘리포니아주 팔로알토: https://www.washingtonpost.com/news/morning-mix/wp/2016/02/16/cdc-investigates-why-so-many-high-school-students-inwealthy-palo-alto-have-committed-suicide/

<u>4</u> Five-O에 관한 수많은 기사가 신문 잡지에 소개되고 있는데, 그 중에는 허핑턴 포스트 청소년판 2014년 8월 18일자 기사와 이코노미스트지 2015년 12월 28일 자 기사를 참조하라.

www.huffingtonpost.com/2014/08/18/teens-police-brutality-app_n_5687934.html

www.economist.com/news/united-states/21684687-high-school-studentswant-citizens-rate-their-interactions-officers-how-three

<u>5</u> 3D 프린터를 이용한 의수 제작은 www.enablethefuture.org에서 이미 홍보되었지만 워싱턴 주 위드비에서도 학생들이 직접 학생을 위한 의수를 3D 프린터를 이용해 제작하고 있다. (www.whidbeynewstimes.com/news/328738521.html#) 이 아이디어는 대학까지 확산되어 워싱턴대학교 능력과 혁신 연구소(University of Washington's Ability and Innovation lab)에서 주관하는 제1회 시애틀 연례 손 나눔 행사가 2015년에 열렸다.

<u>6</u> 당시 16세였던 요니 캘린은 봉사학습 국제조직(Learn Serve International)에서 기업가 정신에 관한 수업을 들었다. 그는 중고 크레파스를 재활용하는 프로젝트를 대규모로 추진하는 아이디어를 생각해낼 때 이 단체의 도움이 컸다고 말한다.

<u>7</u> 이 4학년 아이들의 소속 학교는 노스플랫에 있는데, 당시 교육감이 데이빗 앵글 David Engle이었다. 학급은 팀으로 나눠 원하는 디자인에 대한 합의점을 찾았다. 아이들은 노스플랫 시의회를 설득해서 공식 설계도면에 그들의 아이디어가 반영되도록 만들었다.

<u>8</u> 헤리베르토 레이노소Heriberto Reynoso는 인턴십에 관한 자신의 수업을 듣는 학생들

에게 필요성을 처음 설명했다. www.themonitor.com/mvtc/news/wisd-students-building-robot-capable-of-cleaning-world-s-largest/article_e0614650-bbbb-11e5-b7b6-9f33bde11ac3.html를 참조하라.

9 워싱턴 주 포트 타운센드 지역 교육감은 데이비드 앵글이 맡고 있었다. 앵글은 해양 발견 교육 계획(Maritime Discovery Schools Initiative)을 통해 포트타운센드의 공립학교들을 목조선 축제를 여는 그 해양도시뿐만 아니라 노스웨스트 해양센터, 해양과학센터, '풍성한 경험(Sound Experience)'을 위한 프로젝트, 프로젝트 결과로 만든 목조선 '어드벤처'호와 긴밀한 유대 관계를 맺도록 도왔다.

10 이 이야기는 내가 학교 행정직원으로부터 개인적으로 들은 것이다. 그러나 이 프로젝트에 관해서는 구체적으로 내용을 알 수 없었다. 만약 여러분 중에 내용을 아는 분이 있다면 연락해주기 바란다. 정보를 얻는 대로 참고자료를 인터넷상에 게시할 것이다.

11 아이들은 더글러스 카운티 소재 캐슬뷰 고등학교 로버트 헤이즐허스트Robert Hazelhurst 선생님이 가르치는 공학 수업을 듣고 있었다. 아이들은 프로젝트를 소개하는 동영상을 제작했는데, www.dcsdk12.org/community-relations/job-alike-robotic-students에서 볼 수 있다.

12 여섯 살 난 이 아이의 이름은 라이언 레작Ryan Hreljac이다. 라이언과 라이언우물재단에 관한 정보는 www.ryanswell.ca에서 찾을 수 있다.

13 이 프로젝트는 샌디에이고 하이테크하이 고등학교에서 시행되었다. 내가 개인적으로 이 학교를 방문했을 때 프로젝트에 관한 설명을 들었다.

14 www.youtube.com/watch?v=oQWGCnq6Cgo.

15 아이티 섬 아이들은 고장한 교통 신호등을 고치는 방법을 배웠다.

16 11세의 어린이 암호 전문가(이름이 비밀에 붙여진 것은 당연하다)에 관한 이야기는

보안허가 최고 등급을 지닌 친구에게 들었다.

17 아소카(Ashoka.org)는 비영리 민간단체로, "복잡한 사회 문제를 해결하기 위해 누구든 변화 창출 기술을 활용할 수 있는 사회, 구성원 모두 변화를 주도할 수 있는 사회로 발전시키는 것"을 강령으로 삼고 있다.

18 빈트 서프Vint Cerf에게서 받은 개인 이메일에서 관련 내용을 얻었다.

19 데이터베이스와 방법론이 자리 잡히면 그 다음 단계는 학생들이 스스로 열정을 쏟을 수 있는 대상과 자신의 장점을 찾을 수 있도록 돕는 메커니즘을 구축하고, 알맞은 범위와 수준의 프로젝트나 역할을 학생들에게 연결시켜주는 전용 '추천 엔진'을 만드는 것이다. 이것은 이미 개발 단계에 있다.

20 https://www.teenlife.com/blogs/50-community-service-ideas-teenvolunteers. 2016년 1월에 허가를 받고 접속했다.

21 2016년 6월 3일 기준으로 구글에서 'passion-based education(열정 기반 교육)'을 검색했더니 검색결과가 79,500,000개였다. 'passion-based learning(열정 기반 학습)'을 검색했을 때 70,700,000개였다.

22 LRNG은 최근에 맥아더재단(Macarthur Foundation)에서 분리되어 나온 신생 단체로, 부분적으로는 맥아더재단의 재정 지원으로 운영된다. 여러 도시와 지역에서 개별적으로 시행되고 있는 방과 후 활동 기회를 통합하거나 확대하는 일을 한다. 그 중 실제 사회참여 프로젝트가 상당수 포함돼 있으며 www.lrng.org에서 확인할 수 있다.

23 중학교 1학년인 열두 살의 애비 골드버그Abby Goldberg는 시카고에 살고 있었다. 애비는 일리노이 주 의회에서 지방자치단체에서 비닐봉투 사용을 금지하거나 유료화하는 것을 막고, 대신에 비닐봉투 재활용 프로그램을 요구하는 법안을 통과시켰다는 소식에 화가 났다. 기업들은 찬성하고, 환경단체에서는 반대하고 있던 법안이었다. 애비는 팻 퀸Pat Quinn 주지사를 만나 설득하고, 법안 반대 서명

운동을 벌이는 등 그 법안을 기각시키는 데 큰 역할을 했다. 시카고 트리뷴지에 실린 기사를 보면 다음과 같다. "시카고 북서쪽 교외지역에 사는 이 소녀는 일 년 동안 '빅 플라스틱이 나를 괴롭히는 것을 그냥 두지 마세요!'라는 제목의 온라인 캠페인과 비닐봉투 사용 금지 운동을 벌인 끝에 일리노이주 모든 도시에서 비닐봉지 사용 금지와 유료화를 막는 법안을 기각한다는 퀸 주지사의 결정을 이끌어냈고 그의 결정에 박수를 보내고 있다."

(http://articles.chicagotribune.com/2012-08-27/news/ct-met-plastic-bag-billveto-20120827_1_plastic-bag-abby-goldberg-pat-quinn.)

24 〈검치호랑이 교육과정〉은 내가 알기로는 작가가 가명 (J. Abner Pediwell)으로 쓴 우화로, 1939년에 처음 출판되었다. 원본이 비교적 짧기 때문에 직접 읽어볼 만하다. 그러지 못하는 독자들을 위해 핵심만 요약하자면 다음과 같다. 원시 동굴인은 아이들에게 맑은 연못에서 물고기를 잡거나 고기와 방한용으로 쓸 가죽을 얻기 위해 털로 뒤덮인 말을 때려잡는 법, 검치호랑이로부터 자신을 보호하기 위해 불을 사용하는 법 등 '기본'을 가르치기 위해 교육과정을 개발했다. 그러나 환경이 급진적으로 바뀌어 연못은 진흙투성이가 되고, 말들은 다른 지역으로 이동해 버렸고, 검치호랑이는 멸종되고 대신에 불을 무서워하지 않는 곰이 출현했다. 어른들은 계속해서 기존의 교육과정을 아이들에게 가르쳤다. 아무 짝에도 쓸모없는 것이 되었지만 그 교육과정은 '전통'이 되었고 신성하게 여겨졌기 때문이다.

25 탄즈 제이슨Tanz, Jason. "코드의 종말: 우리는 곧 컴퓨터를 프로그래밍하지 않을 것이다. 다만 훈련시킬 것이다(The End of Code: Soon We Won't Program Our Computers, We'll Train Them)." 와이어드Wired 지 2016년 6월호

26 에드워드 드 보노(de Bono, E.) Six Thinking Hats: An Essential Approach to Business Management (Boston, Little, Brown & Co. 1985) (번역서《생각이 솔솔 여섯 가지 모자》, 한언출판사)

27 스티븐 코비(Covey, S. R.) The 7 Habits of Highly Effective People: Powerful Lessons in Personal Change, (New York, Simon & Schuster, 1989) (번역서 《성공하는 사람들의 7가지 습관》, 김영사)

28 안젤라 더크워스(Duckworth, A.) Grit : The Power of Passion and Perseverance, (New York, Scribner, 2016) (번역서 《그릿》, 비즈니스북스)

29 http://www.nytimes.com/2013/09/15/magazine/can-emotionalintelligence-be-taught.html?pagewanted=all&_r=0

30 https://www.edsurge.com/news/2015-12-21-christmas-bonus-usedtech-sets-record-with-1-85-billion-raised-in-2015

31 https://www.techinasia.com/talk/edtech-startups-fail

32 하버드대 경영대학원 클레이튼 크리스텐슨Clayton Christensen 교수가 처음 고안한 '혁신가의 딜레마(The Innovator's Dilemma)'라는 개념은 이렇다. 기업들은 판매율이 높지 않은 현재의 상품을 향상시키기 위해 대개 혁신을 계속 추진하지만, 품질이 동일하거나 혹은 더 낮고 충분한 기능을 갖춘 상품을 훨씬 낮은 가격에 파는 '가공할 만한' 신생 기업의 기습 공격에는 무방비 상태가 된다.

33 에스더 워짓스키(Wojcicki, E.), 랜스 이즈미(Izumi, L.) 공저 《교육 혁신: 교실 속 혼합 교육(Moonshots in Education: Blended learning in the classroom)》 (San Francisco, CA: Pacific Research Institute, 2014).

34 캐디(S. H. Cady), 제이콥스(J. Jacobs), 콜러(R. Koller), 스패들링(J. Spalding)이 2014년 발표한 논문 〈변화 공식: 미신, 전설 또는 지식(The change formula: Myth, legend, or lore)〉 (OD Practitioner 46(3), 32-39에 실림)

35 벡하드(R. Beckhard)와 해리스(R T. Harris) 공저 《조직의 변화(Organizational transitions: Managing complex change)》 (1977년)

36 https://www.youtube.com/watch?v=8xe6nLVXEC0#t=174

초·중등학교의 교실 풍경을 그리라고 하면 대부분 교사는 교단에 서서 무엇인가를 설명하고 있고 학생들은 책상 앞에 앉아 교실 앞에 걸린 칠판이나 스크린을 바라보고 설명을 들으며 필기를 하는 모습을 떠올릴 것이다. 현실도 크게 다르지 않다. 요즘 협업과 토론 중심 수업, 스마트 러닝이 강조되면서 여러 학생이 머리를 맞대고 모둠별 과제를 수행하거나 컴퓨터 앞에 앉아 사이버 학습을 하는 모습도 볼 수 있을지는 모르겠다. 하지만 모두 교과서 내용을 바탕으로 교실 안에서 이뤄지는 활동들이다.

학습은 스스로 고민하고 직접 부딪쳐 자기만의 체험으로 겪어봐야 그 속에서 교훈을 얻을 수 있고, 머릿속 지식이 삶을 살아가는 데 필요한 역량이 될 수 있다. 미래 사회는 교실 안에 몇 시간이고 앉아 지식만 습득하는 학습자를 요구하지 않을 것이다. 학교에서 배운 지식을 활용해 인근 지역 수질을 조사를 하고 자료를 지역 주민들과 공유함으로써 공중보건을 증진시킬 수 있다면 아이들은 얼마나 큰 보람을 느낄까. 오랫동안 방치된 낡은 목조선을 고치는 프로젝트를 통해 선박 엔진과 관련된 물리학과 해양산업의 역사를 배울 수 있다면 아이들에게 배운다는 것이 얼마나 즐겁고 흥미로운 일이 될까.

이 책에서 소개하는 '더 나은 세상 만들기 교육'은 청소년들이 자신이 속한 사회의 문제를 찾아내 해결하는 사회참여 활동을 통해 학생 개인의 성장은 물론이고 세상을 더 나은 곳으로 바꾸는 교육이다. 책을 읽고 나면 우리는 교실에 앉아 수동적으로 교사의 설명을 듣고 지식을 습득하는 교육 대상이 아니라, 습득한 지식과 열정을 활용해 실제 사회 문제를 해결할 수 있는 역량 있는 사회구성원이자 능동적인 교육 주체로서 아이들을 인식하게 될 것이다.

나는 이 책이 우리 한국 사회에 더욱 중요한 메시지를 보내리라 생각한다. 대학 입시를 위해 초등학생들이 교과 공부뿐 아니라 논술과 컴퓨터 프로그래밍을 배우고, 초등 학부모들이 대학 입시 설명회에 참가하는 것이 한국의 교육 현실이다. 책에서 언급되었듯이 학업 부담으로 스스로 목숨을 끊는 한국 청소년의 자살률은 해마다 증가하고 있다. 세계 최고 수준의 학업성취도를 자랑하지만 학업 성취를 대학 입시나 사회적 성공을 결정짓는 잣대로 보는 인식 탓이다. 교육에 대한 우리 사회의 시각이 바뀌지 않는다면 한국의 초·중등교육에 대한 전망은 결코 밝지 않을 것이다. 이런 현실을 안타까워하며 새로운 교육 모델이나 대안 교육에 관심을 갖는 사람들이 점점 늘고 있다. '더 나은 세상 만들기 교육' 모델은 우리 사회가 안고 있는 교육 문제로 고민하는 많은 사람들에게 새로운 시각과 영감을 제공할 수 있으리라 기대한다. 새로운 시각으로 다른 방향에서 문제를 살핀다면 분명 해결의 실마리를 찾을 수 있을 것이다.

미래의 교육을 설계한다

초판 1쇄 인쇄 2018년(단기 4351년) 11월 16일
초판 1쇄 발행 2018년(단기 4351년) 11월 21일

지은이 | 마크 프렌스키
옮긴이 | 허성심
펴낸이 | 심정숙
펴낸곳 | ㈜ 한문화멀티미디어
등록 | 1990. 11. 28. 제21-209호
주소 | 서울시 강남구 봉은사로 317 논현빌딩 6층(06103)
전화 | 영업부 2016-3500 편집부 2016-3507
홈페이지 | http://www.hanmunhwa.com

편집 | 이미향 강정화 최연실 진정근
디자인 제작 | 이정희 목수정
경영 | 강윤정 권은주
홍보 | 조애리
영업 | 윤정호 조동희
물류 | 박경수

만든 사람들
책임 편집 | 김경실 디자인 | 풀밭의 여치srladu.blog.me
인쇄 | 천일문화사

ISBN 978-89-5699-343-0 03370